MANUEL DES PRIÈRES

à

SAINT BENOÎT

Ouvrages du même auteur :

– Manuel des prières à la Vierge
– Dictionnaire des saints
– Manuel des prières à saint Michel
– Manuel des prières à saint Expédit
– Prières et neuvaines à sainte Marie qui défait les nœuds
– Manuel des prières à sainte Rita
– Le 3e secret de Fatima, prières et révélations

Éditions **Cristal**
60, avenue Charles-de-Gaulle
92200 Neuilly-sur-Seine.
Tél. et Fax. : 01.46.43.09.24.

Achevé d'imprimer par les soins de Pulsio.net
en octobre 2013
Communauté Européenne

I.S.B.N. : 978-2-8489-5073-0

Émilie Bonvin

MANUEL DES PRIÈRES
à
SAINT BENOÎT

EDITIONS
CRISTAL

PREMIÈRE PARTIE

1. Saint Benoît (480-547) et les moines

Évolution de l'idéal de Sainteté

L'idéal de la sainteté n'a pas toujours été identique durant l'histoire de l'église. La conception de cette condition sublime a varié en s'adaptant aux époques et aux mœurs, tout en restant fidèle à elle-même : être en Dieu, être soi en Dieu pour Dieu en soi.

Les martyrs

Du Ier aux IIIe et IVe siècle un Saint était un martyr, d'abord comme les premiers prédicateurs, Pierre et Paul, comme Jude et Simon, etc. Puis plus généralement, comme Christophe, Apolline, Expédit ou Saint Denis.

Confesseurs, ermites, etc.

Ensuite, nous aurons les confesseurs, les ermites, les solitaires que viendront, parfois de très loin, consulter les chrétiens désireux de perfectionner et de comprendre leur foi. Mais, déjà, apparaissait le type extraordinaire du saint érudit : Isidore de Séville, véritable encyclopédiste, en sera le modèle.

L'époque mérovingienne

À l'époque mérovingienne, tout change. Le monde évolue. Parfois brutalement. Des saints chroniqueurs, comme Grégoire de Tours en témoignent. Mais cette activité d'écriture n'empêche pas l'action. Les moines érudits cultivent la terre, défrichent, élèvent des vaches, ceci afin de devenir autonome, de subvenir à leurs besoins.

Au service des humbles

L'action dans le monde, l'action charitable devient nécessaire, utile, indispensable dans la Cité. Elle se met au service des humbles. Et c'est ainsi que le monachisme naîtra en Occident, prêt à en transformer profondément les structures. C'est ce que fera Benoît, qui commença par être ermite :"Voulant plaire à Dieu seul, il habita avec lui-même sous le regard de Dieu" selon l'opinion de Saint Grégoire[1].
Ces différentes conceptions de la sainteté marqueront tour à tour, mais aussi simultanément la chrétienté.

L'influence de saint Benoît

Benoît est sans doute l'un des saints les plus importants de toute l'histoire. Il a profondément modifié le monde de son époque. Très harmonieuse en volume, comme en profondeur, son œuvre en a fait le « fondateur de l'Europe », dont il est le saint patron. En considérant, mille cinq cents ans après, la superbe figure de saint Benoît, force est de constater que son influence persiste et subsiste.

---

[1] Grégoire le Grand (540-604) fut une personnalité majeure du haut Moyen Âge, tandis que son influence se fait toujours sentir. Ce romain, d'origine patricienne devient préfet, puis démissionne après s'être donné à Dieu. Il transforme la maison familiale en couvent. Sa vie droite et pure fait qu'on le nomme nonce à Constantinople, et qu'il finira pape. Il envoya Augustin prêcher en Angleterre, puis convertir Les Lombards et les Goths. Il s'occupera d'organiser les soins pour les malades indigents à Rome. Malgré une santé fragile, ce pape déploiera une énergie extraordinaire. C'est le premier moine à avoir été élevé au pontificat.
Les musiciens l'aiment particulièrement puisque, dans un souci d'unification musicale, il fut à l'origine du chant dit grégorien en son honneur. Il travailla à mettre au point la musique sacrée d'une façon rigoureuse. Son œuvre fut poursuivie par Pépin le Bref, puis par Charlemagne. En 1858, de merveilleux travaux musicologiques ont fait redécouvrir cette admirable musique dans l'abbaye de Solesmes qui maintient cette tradition, rejointe désormais par d'autres centres musicaux prestigieux. En 1903, le chant grégorien fut élevé au statut de règle du chant religieux occidental par le pape Pie X.

Érudition et modernité

Avec le travail, toujours actuel, des monastères bénédictins, qui œuvrent à la fois dans le travail d'érudition et dans les disciplines les plus modernes de diverses sciences. Une telle « jeunesse », pour un si vieil ordre est exceptionnelle ! Certes, une bonne partie du public ignore cet aspect original de l'ordre, et de l'influence de saint Benoît. Utile, certes, l'ordre bénédictin demeure peu connu. Le personnage de saint Benoît, en revanche est fort aimé des croyants

Précocité

Saint Benoît, natif de Nurcie, en 480, était le frère jumeau de sainte Scholastique. Dès son plus jeune âge, il délaissa les jeux de ses compagnons pour se montrer fort pieux.

Premier miracle

Son premier miracle eut lieu durant son enfance : sa nourrice (ou, selon certaines versions, une domestique) voulut faire du pain. En tamisant la farine, elle fit tomber le crible qui se cassa en deux. La nourrice fondit en sanglots. Apitoyé, le jeune Benoît saisit alors les deux morceaux, les applique l'un contre l'autre et dit une prière. Le crible fut instantanément réparé. Cet épisode fait que saint Benoît est le patron des serviteurs. Et, spécialement, des serviteurs maladroits !

Le désert

Benoît, refusant subir le trop grand dévouement de sa nourrice, se réfugia dans le désert. Il y resta trois ans, vivant seul et se nourrissant d'herbes diverses, ignoré des hommes... Benoît passait ses journées en prières et en macérations. Son jeune esprit se formait à la contemplation, à l'action de grâce, à l'écoute de son silence intérieur afin d'y pouvoir déceler la Volonté divine. Afin d'entendre en lui, au fond de son cœur l'appel de la foi, de cette force invincible qui nous transforme et nous révèle à nous-mêmes[2].

Précocité

À cette époque, les garçons voués aux études ou à la vie monacale étudiaient fort jeunes. Et c'est ainsi, qu'avant sa puberté, les parents de Benoît l'envoyèrent à Rome, suivre les cours des meilleurs maîtres.

Décadence

Benoît fut épouvanté par la décadence et l'incroyance qui régnaient dans Rome. Il tenta de rester malgré tout, de s'acharner à bien étudier. Mais bientôt, ce fut au-dessus de ses forces: Il n'en pouvait plus ! Le dégoût, devant tant d'impiété, le submergeait.

Ermitage

Il se délogea de la ville décida de vivre en ermite. Il se réfugia du côté d'Enfidé, à 50 km de Rome, en un lieu montagneux nommé Subiaccus (aujourd'hui Subiaco). Il habita dans une caverne difficile d'accès. Elle se trouvait en hauteur et l'on n'y pouvait parvenir qu'après de longs détours par des chemins escarpés et dangereux.

Solitude ?

En y pensant profondément, on y découvre la complétude de l'esprit bénédictin: il faut savoir être seul en soi, même parmi les autres, comme on doit devenir une grande foule, toujours en soi-même, dans la solitude: *« in solis sis tibi turba locis »*[3]. Il est de la fonction même de la religion, mot signifiant « ce qui relie les hommes entre eux », de nous faire percevoir ce contraste complémentaire entre l'être et son entourage... Car du fond de sa solitude, l'anachorète prie pour le monde, pour tous les hommes...

[2] Benoît fut d'abord un anachorète (mot qui vient d'un verbe grec signifiant: « éloigner »). C'est-à-dire un solitaire. Il convient de réfléchir à ce choix difficile et qui paraît fort curieux chez un homme connu pour avoir organisé des lieux de vie en communauté. L'exemple de Saint Benoît, pour grand et inaccessible qu'il soit, doit nous inspirer dans notre vie quotidienne: nous avons besoin, surtout à notre époque de confusion, de massification, de dépersonnalisation, de bien comprendre ce qui nous constitue personnellement et nous différencie des autres. Car le Seigneur a voulu que nous fussions tous uniques.

[3] Tibulle, IV, 13, 12: « Dans la solitude, sois une grande foule en toi-même ».

La renommée de Benoît

Et le voici, à seize ans, ermite dans une grotte humide et isolée. Chaque jour, il passait de la prière à la pénitence, observant un jeûne rigoureux. Néanmoins, en dépit de son isolement, la piété de Benoît finit par être connue. Malgré sa jeunesse, on vint le visiter, lui demander conseils. Certaines personnes voulurent même devenir ses disciples.

Abbé !

L'abbé d'un monastère du voisinage mourut. Des moines vinrent solliciter Benoît pour qu'il le remplace. Benoît ne voulut pas. Les moines insistèrent. Benoît refusa encore. Avec énergie[4].

Discipline

Benoît continua de faire la sourde oreille, puis finit, devant l'insistance des croyants, par accepter. Mais il propose et impose son mode de vie aux autres ! Ses nouveaux disciples sont contraints de jeûner, de se purifier, de faire pénitence, s'épuisant en macération jusqu'à la limite de leurs forces.

« Athlètes »

Les malheureux auraient, certes, pu parvenir à l'état de perfection que souhaitait Benoît. Seulement, cela ne se fait pas en un jour. Une ascèse est aussi un entraînement, une longue patience. Car ne nous y trompons pas : ce n'est pas par hasard qu'on a pu parler « d'athlètes » de la foi ![5] Et la pratique des macérations ne saurait s'envisager à la légère !

[4] Cette étape importante changea la vie de Benoît. Après avoir été anachorète, il serait cénobite du grec : « vie en commun », organisant la vie d'autres cénobites. Il importe ici de bien considérer le sens et l'origine des mots : l'anachorète solitaire s'oppose au cénobite, certes. Mais notre langue a oublié ces vieux mots pour user principalement du nom moine. Lequel désigne des cénobites, mais signifie « solitaire ». Ainsi, ce que nous avons vu plus haut sur l'apparente contradiction d'une solitude au milieu des autres et d'une foule en soi s'est résolue très tôt par le vocabulaire comme par la désignation.

[5] *Là Dieu donne à ses athlètes, pour le labeur du combat, la récompense désirée : une paix que le monde ignore et la joie de l'Esprit Saint Guignes II*, le Chartreux, L'Échelle des moines. Guignes fut compagnon de saint Bruno.

Naïveté

Benoît n'en a cure : ce qui est bon pour lui ne l'est-il pas pour les autres ? Ne faut-il pas, pour mieux aimer Dieu, supporter ces épreuves ? La foi, l'intelligence et la sagacité de Benoît contrastaient avec ce qu'il faut bien nommer une certaine naïveté chez lui. En effet, il s'imaginait, tout bonnement, que tout le monde possédait son énergie et que, de ce fait, chacun pouvait se soumettre aux plus dures épreuves.

Réactions violentes

Mais son exigence est bientôt insupportable : à deux reprises, on tente de l'empoisonner. La première fois, il fait un signe de croix sur la coupe contenant du vin mêlé d'une substance mortelle qui vole en éclats. La seconde fois, un corbeau lui vole la miche de pain emplie d'arsenic qu'on lui propose !

Retour à la solitude

Benoît retourne donc à la solitude. Après tout, cet état lui convenait, était son « premier amour ». Il s'agit, évidemment, d'une solitude active, plus d'une action que d'un état. Très différente des solitudes involontaires, celle-ci se trouve peuplée de Dieu, envahie par le Christ, saturée de l'Esprit saint. Et l'on se demande si l'on ne devrait pas trouver un autre mot pour signifier cette « foule intérieure » que constitue la vie d'ermite, dans sa simplicité grandiose, dans son dénuement sublime...

À l'audience de soi pour mieux écouter les autres

Il n'était pas encore prêt pour la vie en groupe. Il devait encore affronter l'austérité d'une vie d'anachorète pour raffermir son caractère, pour affiner son point de vue. Pour devenir lui-même, enfin, à l'écoute de ses voix intérieures. Ainsi, par l'exemple de ce qu'il allait découvrir en lui-même, Benoît pourrait fonder un enseignement menant à cette connaissance intime chez ses ouailles. Et, de là, la compréhension mutuelle des uns et des autres se trouverait fondée, délibérée, affirmée.

La vie austère

Pour se nourrir, Benoît conclut un arrangement avec un moine nommé Romain qui lui apportait sa nourriture dans un panier. Romain actionnait alors une clochette pour prévenir l'ermite que le ravitaillement arrivait. Ensuite, il suffisait d'attacher le panier à une corde pour que l'ermite puisse le hisser et se nourrir frugalement. Jusqu'à l'époque de Pâques.

L'action du Malin

Hélas, le Diable, fort irrité de la dévotion du futur saint, brisa la clochette. Et Benoît ne put donc plus se nourrir. Il faut voir là une épreuve nécessaire : le vide en soi doit aussi s'incarner. La faim de l'ermite représente aussi bien sa faim spirituelle, sa volonté d'entendre la Volonté du Seigneur :

L'homme ne vivra pas seulement de pain, mais de toute parole qui sort de la bouche de Dieu.[6]

Pâques : un festin

Non loin de là, dans un presbytère campagnard, un prêtre s'apprêtait à fêter Pâques. Tandis qu'il faisait préparer un excellent repas, la Voix du Seigneur se fit entendre :

« Tu t'apprêtes à la fête, lui dit-il, tu concoctes un festin ! Et cela au moment même où, dans une caverne de la montagne, mon serviteur meurt de faim ! »

Le prêtre emporta le repas dans un panier, et se mit à la recherche de Benoît. Il erra d'abord longuement. Puis, à force de dévotion, reçut l'aide divine pour trouver le bon chemin. Il gravit les sentiers escarpés, se blessa aux ronces et autres épines. Il escalada des pentes abruptes. Et, enfin, il se trouva devant la caverne ou Benoît, affaibli, gisait, torturé par la faim.

[6] *Évangile* selon saint Matthieu, 4 : 4.

« Lève-toi, dit le prêtre, et mangeons ensemble le repas que j'ai apporté : c'est la fête de Pâques…

Oui, c'est la fête, répondit Benoît, puisque j'ai le bonheur de te voir… Mais j'ai fait vœu de frugalité, et je ne saurais manger des nourritures trop fines…

Par ma voix, Benoît, le Seigneur te relève aujourd'hui de ton vœu, il m'envoie pour partager avec toi la joie de la renaissance du Christ. Il convient que nous faisions honneur à ce festin, pour la plus grande gloire de Dieu ! »

Signification symbolique de ce repas

Les deux saints hommes mangèrent de bon appétit. Ils louèrent le Seigneur. Il faut voir dans ce repas de fête, qui paraît en contradiction avec le régime d'un ermite, l'expression d'une grande joie, mais aussi l'affirmation du sacrifice du Christ : en effet, l'eucharistie devient, pour le vrai croyant, une nourriture délicieuse. Ainsi, ce repas des deux religieux peut-il nous évoquer la Cène.

La laure

Bientôt, la renommée de Benoît se répandit beaucoup plus qu'il ne l'aurait voulu. Un grand nombre de disciples parcouraient les chemins âpres menant à son refuge. Comme assoiffé de la parole de celui qu'ils considéraient déjà comme un maître, tous se pressaient autour de l'ermite… Certains s'installèrent non loin de lui. Benoît les organisa en une laure (groupement) de douze petits groupes ou monastères. Zélé, ardent, Il voulut que chacun de ces douze monastères fussent habités par douze moines. Obstiné, opiniâtre, il s'installa dans une ancienne forteresse, un bâtiment désaffecté au Mont Cassin.

Retour au monastère

Le plus étonnant, cependant demeure que les mêmes disciples demandèrent ensuite à Benoît de revenir ! Étrange demande, curieux souci, volonté particulière ! Ce qui est certain, c'est le désir de sainteté de ces malheureux.

Adoucissement

On comprend que Benoît a dû « mettre de l'eau dans son vin », en acceptant de revenir… Non seulement, il a réduit sa sévérité, adouci son exigence, mais encore, sa nouvelle façon d'agir lui attire de nouveaux disciples !

Rigueur, austérité, ascèse

L'adoucissement n'exclut pas la rigueur. Les moines, habitués à un certain laisser-aller, n'acceptèrent toujours pas cette discipline. Même modifiée dans le sens d'un laxisme et d'une moindre sévérité, ils la jugeaient trop austère. Benoît leur expliqua maintes fois qu'il ne pouvait vivre avec eux autrement et qu'il serait bon qu'il s'en retournât vivre en ermite. Mais on ne voulut pas qu'il s'en aille.

Au cœur de l'amour

Une telle volonté de silence et de foi présuppose une abnégation particulière. Car, si Benoît pouvait l'assumer dans un état de grâce, malgré les souffrances dues aux privations, les malheureux disciples n'en étaient pas là !

Malades

Aussi, on a souvent pu voir des moines, des aspirants ermites renoncer, mais parfois, hélas, se trouver dans des états de santé mentale et physique inquiétants, voire tout bonnement malades faute de préparation, de patience…

Peine psychologique

Il convient donc de garder un peu d'indulgence pour ces premiers disciples de Benoît. Ne prenons pas à la légère, cependant, leurs odieuses tentatives de meurtre ! En tenant compte de leur gravité, n'oublions pas, non plus, que les malheureux disciples se trouvaient dans des états mentaux affaiblis par une ascèse sans méthode, et vivaient en peine psychologique...

Âme et peau

Dans la Vie de saint Benoît, rédigée par saint Grégoire (voir ci-dessous), on peut lire qu'un jour, un moine, obsédé par l'image d'une femme, confus de convoitise, fut attaqué par un merle blanc qui lui becquetait le visage. Benoît fit un signe de croix. Le merle lâcha sa proie. Et le moine alla se rouler dans les orties et les ronces pour « faire sortir les plaies de ses âmes par celles de sa peau ».

Un vent de révolte

Benoît continua à mener son monde avec une sévérité teintée d'indulgence. Mais qui demeurait trop pesante pour ses ouailles. Malgré la bonhomie de cet abbé hors pair, toujours attentif et à l'écoute des autres, le « courant ne passait pas ». La dévotion de Benoît faisait parfois honte à certains moines moins ardents à la prière et plus paresseux dans l'exercice des services quotidiens. Bientôt, un vent de révolte se mit à souffler

L'empoisonnement

À tel point qu'on voulut empoisonner l'abbé trop rigoureux. On lui présenta une coupe de vin mêlé d'herbes vénéneuses. Benoît fit un signe de croix et la coupe se brisa. Depuis, saint Benoît est invoqué pour guérir des empoisonnements et des fièvres.
Que Dieu vous pardonne, déclara t-il, Ne vous avais-je pas dit que vos mœurs et les miennes ne s'accordent pas ?

Sur ce, Benoît s'en retourna dans sa caverne...

Prémisses de la Règle de saint Benoît

Après avoir installé ses moines à Monte Cassino, Benoît les incita à une vie de dévotion et de travail manuel. Car, déjà, Benoît savait que la besogne du corps fortifie l'âme autant que les muscles. La concentration de l'ouvrier appliqué à son ouvrage pouvant mener à celle de l'âme, afin de consacrer à Dieu la plénitude d'une action de grâce continuelle. Benoît, sans encore la formaliser complètement, explorait, par cette discipline, les prémisses de sa célèbre règle. En attendant, il suivait et adaptait les enseignements de saint Basile[7] et Cassien qui, des siècles auparavant, organisèrent la vie des monastères de la chrétienté naissante.

Expansion

Les douze monastères devinrent célèbres. À tel point qu'il n'était plus possible d'y accueillir qui que ce fût. Aussi, de nombreux disciples de Benoît s'installèrent dans la nature, en solitaires ou par petits groupes. Loin de désapprouver l'austérité des mœurs souhaitée par Benoît, beaucoup s'infligèrent de dures épreuves. C'était mal comprendre l'état d'esprit de Benoît qui ne voulait évidemment pas de souffrances inutiles, ni de macérations trop pénibles.

Les chaînes du Christ

Il avisa un moine qui avait décidé de s'enchaîner par un pied. Le fer lui blessait cruellement la chair. Benoît, à la fois grave et moqueur lui conseilla de choisir les chaînes du Christ, plutôt que ces fers ridicules. Par ces mots, il faisait savoir que l'écoute du Seigneur par la voie

[7] Né à Césarée de Cappadoce, en 330, fils petit-fils et frère de saints, saint Basile le Grand suivit la route familiale. Après de solides études à Constantinople, puis à Athènes, il visite les monastères égyptiens, palestiniens et syriens. Ensuite, il fonde un couvent sur les rives de l'Iris et écrit une règle pour le régir. En 370, il arrive à Césarée, combat les Ariens et rédiges de fermes, de très énergiques écrits doctrinaux. Il est renommé pour ses prédications sur La Trinité et sur l'Esprit Saint. Il réforma la liturgie eucharistique. Il mourut en 379. On le fête le 2 janvier.

d'une discipline ne demande pas forcément des actes cruels ou spectaculaires. C'est au fond de soi-même que l'on doit trouver ses propres épreuves lorsqu'on a choisi la Voie Royale. Elle ne consiste pas forcément à s'infliger des souffrances ou des douleurs...

Profondeur et mysticisme

Cet enseignement, fort éloigné de certaines pratiques bruyantes et exagérées, se répandit bientôt. Si la rigueur de Benoît demeurait intacte, elle n'en contrastait pas moins avec les contorsions souvent ridicules, les macérations exagérées, les fustigations et autres pratiques de mortification auxquelles certains s'adonnaient d'une façon parfois spectaculaire[8].

Un mysticisme équilibré

Benoît combattit ardemment cet « exhibitionnisme de la foi » pour promouvoir des pratiques moins voyantes et plus profondes. Loin des pratiques douloureuses, Benoît proposa un mysticisme équilibré dans lequel l'épreuve n'est pas une fin en soi, mais une étape, un moyen d'approcher Dieu. Or, une trop grande sévérité envers soi-même nous donne la souffrance : en la vivant intensément, nous perdons nécessairement de vue notre but : honorer le Seigneur.

La jalousie

Un membre du clergé local, nommé Florent fut cruellement mordu par la jalousie : il enviait Benoît. Il pestait de ne pas atteindre sa rigueur. Il aurait aimé qu'on le respectât encore plus que ce rival. Ce Florent était un esprit curieux, à la fois désireux de servir Dieu, mais à l'âme tourmentée par des vices impérieux. Il aimait à soumettre les jeunes moi-

[8] L'exhibition de la foi est toujours déplaisante et scandaleuse ! La macération, l'ascèse sont des actes personnels et ne doivent pas donner lieu à des sortes de spectacles. Comme, d'ailleurs, la prière et tout acte de foi. Ce que l'Évangile nous rappelle :
« Lorsque vous priez, ne soyez pas comme les hypocrites qui aiment prier debout dans les synagogues et aux coins des rues pour être à la vue des hommes. »
Évangile selon saint Matthieu, V, 6.

nes à la tentation, à les défier, à leur faire supporter des épreuves trop lourdes pour eux. Cet étrange personnage complota contre Benoît, essaya de ternir sa réputation, de lui nuire par tous les moyens à sa disposition. Benoît, las de ce combat inutile, s'en alla. Lutter ainsi constituait une perte de temps. D'un temps qu'il voulait réserver au service de Dieu. D'un temps qui lui serait nécessaire pour peaufiner sa règle, instrument nécessaire à l'élévation des âmes se vouant à la vie monastique tout en organisant les travaux et les jours nécessaires à son efficacité spirituelle.

Monte Cassino

La Providence permit que Benoît arrivât à Monte Cassino. En cette année 530, il commença par faire détruire le temple païen qui se trouvait à cet endroit depuis de nombreux siècles. Ce qui montre que les âmes païennes avaient, dès l'époque de la barbarie, ressenti le caractère sacré du lieu. Et l'on verra souvent, ainsi, des églises ou des cloîtres érigés sur d'anciens lieux de cérémonies impies.

Dieu seul connaît l'avenir

La sagesse de Benoît s'exprime par son nom : bene dictus, le « bien dit », la parole juste, la bonne parole, celle de la bénédiction. Les avis de Benoît, par leur sagacité le rendirent célèbre. Il demeura humble parmi les humbles. Ce qui n'empêcha guère qu'on le vénère et qu'on l'imaginait doté de pouvoirs mirifiques. À tel point qu'on alla jusqu'à lui prêter des dons de voyance. Le fait est que le Seigneur, qui seul connaît tous les débuts et toutes les fins, lui permit d'être informé à l'avance de la date de sa propre mort. Benoît fit creuser sa tombe six jours avant et s'éteignit le 21 mars 547.

2. La Règle de saint Benoît

La Règle de saint Benoît

La règle de saint Benoît comprend soixante-treize chapitres, commence par une injonction : Ausculta. Ce qui signifie : **Écoute**. Cet impératif semble pouvoir résumer l'attitude générale de Benoît. Homme de concentration, de sagacité, il vécut constamment à l'écoute. Son attention mêlait l'entendement des choses humaines à l'avidité d'écouter la voix du Seigneur, le souffle, l'énergie de la charité.

Son extension

L'abbaye de Monte Cassino fut peuplée de saints hommes qui suivirent, au fur et à mesure de son élaboration, la règle de Benoît. Résolument tourné vers l'étude, mais ne négligeant en aucun cas les travaux manuels, ce dernier, petit à petit, construisait au sein de la vie monacale, une sorte d'équilibre. Avec sagacité, il tâchait de préparer à ses disciples une vie harmonieuse pour la plus grande gloire de Dieu. Non content de veiller à la discipline générale, il s'informa de chaque détail, de toutes les éventualités quotidiennes, afin de mieux fixer et régenter l'existence paisible, mais intense en profondeur, des Bénédictins. L'ordre naissait ainsi, par la curiosité bienveillante, par la sagacité souriante et ferme du futur saint. Et ce fut le début d'une grande aventure.

La Règle

Benoît rédigea la règle de son ordre. Ses soixante-treize chapitres qu'il écrivit ont inspiré beaucoup d'autres communautés religieuses. **Le moine, selon Benoît, devait donc passer sa vie en alternant le travail manuel, l'effort physique et la prière...** Encore que, pensait-il, l'ouvrage, le labeur, est aussi une façon de prier le Seigneur !

Tribulations et aventures de la Règle de saint Benoît

L'érudit Mabillon pensait que saint Benoît écrivit sa règle en 528 au Mont Cassin, ce qui ne repose sur aucune preuve. Le bruit court que le texte original aurait été brûlé à Teano, près du Mont Cassin, vers la fin du IXe siècle. Suivant un écrivain du XIIe siècle, elle aurait été publiée pour la première fois par Simplicius, troisième abbé de Mont Cassin. On a prétendu, sans fournir de preuves, qu'elle a été composée ou au moins rédigée, non par Benoît, mais par le pape Grégoire le Grand. Ce qui n'est pas démontré et semble plutôt absurde.

Simplicité

Saint Benoît voulait que sa règle fût accessible à tous. Loin d'utiliser le latin pompeux de l'époque mérovingienne, superbe langue, certes, mais néanmoins pleines d'afféteries absconses et de préciosités parfois abstruses, il préféra la simplicité. C'est pourquoi la règle de saint Benoît fut rédigée dans la langue parlée du VIe siècle. Il s'agissait d'un souci d'exactitude, de compréhension, de communication et de communion. Tout était écrit selon le projet même de Benoît : « Revenir par le labeur de l'obéissance à Celui dont t'avait éloigné la lâcheté de la désobéissance ».

Une longue réflexion

Celle que nous connaissons. On l'intitula : *Règle du Maître*, parce que chaque chapitre commence par une question d'un disciple à un Maître, qui répond à la question de manière détaillée.

« Brouillon »

Cette première règle constitue une sorte de brouillon de la règle définitive. Même si certains ont pensé qu'elle n'avait point Benoît pour auteur... On y trouve pourtant les prémisses d'une réflexion qui s'approfondira. On assiste, en la lisant, au travail même de la pensée, de l'esprit, de l'âme de Benoît, dans son souci de précision, de clarté déterminée par sa volonté farouche de servir le Seigneur.

Organisation

La seconde règle remplace ce qui n'était auparavant qu'une réglementation de détail par une « législation » d'ensemble, et qu'elle a fait un corps systématiquement organisé, de ce qui n'était guère qu'une agrégation de personnes gardant une certaine part de leur individualité et de leur liberté.

Un extrait significatif

Afin que le lecteur puisse se rendre compte de l'excellence de cette règle, en voici un extrait qui nous semble significatif:

chapitre IV
QUELS SONT LES INSTRUMENTS À PRATIQUER LES BONNES ŒUVRES?

Avant tout, aimer le Seigneur Dieu de tout cœur, de toute son âme, de toutes ses forces.
Ensuite aimer le prochain comme soi-même.
Ensuite, ne point tuer.
Ne point commettre d'adultère.
Ne point dérober.
Ne point convoiter.
Ne point porter de faux témoignage.
Honorer toute personne humaine.
Et ne pas infliger à autrui ce qu'on ne voudrait pas subir soi-même.
Faire abnégation de soi pour suivre le Christ.
Châtier son corps.
Ne point s'attacher aux jouissances.
Aimer le jeûne.
Assister les pauvres.
Vêtir celui qui est nu.
Visiter les malades.
Ensevelir les morts.
Soulager ceux qui sont dans la tribulation.
Consoler les affligés.
Rompre avec les manières du siècle.
Ne rien préférer à l'amour du Christ.

Ne pas se livrer à la colère.
Ne point s'attarder dans la rancune.
Ne pas entretenir de fausseté dans son cœur.
Ne pas donner le baiser de paix avec simulation.
Ne pas se départir de la charité.
Ne pas jurer, pour éviter le danger de parjure.
Proférer de bouche la vérité telle qu'on l'a dans le cœur.
Ne point rendre le mal pour le mal.
Ne faire d'injure à personne, mais supporter avec patience celle qu'on nous fait.
Aimer ses ennemis.
Ne point rendre malédiction pour malédiction, mais plutôt bénir ceux qui nous maudissent.
Soutenir persécution pour la justice.
Ne pas être superbe.
Ni gorgé de vin.
Ni vorace.
Ni porté à la nonchalance.
Ni paresseux.
Ni murmurateur.
Ni enclin au dénigrement.
Mettre en Dieu son espérance.
Tout ce que l'on trouve de bon en soi, le rapporter non à soi, mais à Dieu ;
Quant au mal, reconnaître toujours qu'on en est l'auteur et le mettre à son compte.
Craindre le jour du jugement.
Avoir grande peur de l'enfer.
Désirer la vie éternelle de toute l'avidité de son âme.
Avoir toujours devant les yeux la mort qui nous guette.
Veiller à toute heure sur les actions de sa vie.
Entretenir la certitude qu'en tout lieu Dieu nous voit.
Briser contre la pierre qui est le Christ les pensées mauvaises à l'instant même où elles viennent à l'esprit et s'en ouvrir à un ancien éclairé de Dieu.
Garder sa bouche de tout discours malsonnant ou dépravé.
Ne point se plaire à beaucoup parler.
Ne pas tenir de discours inutiles ou qui ne portent qu'à rire.
Ne pas se laisser entraîner au rire fréquent ou débridé.
Prêter volontiers l'oreille à de saintes lectures.
S'adonner souvent à l'oraison.

Pleurer et gémir sur ses fautes passées, en se les reprochant chaque jour devant Dieu dans la prière, et ne pas manquer de se purifier de ces mêmes souillures.
Ne pas accomplir les désirs de la chair.
Haïr la volonté propre.
Obéir de tout point aux préceptes de l'abbé, même, ce qu'à Dieu ne plaise, s'il agissait autrement. Souvenons-nous de la parole de Notre Seigneur : faites ce qu'ils disent, mais ce qu'ils font, gardez-vous de le faire.
Ne pas chercher à passer pour saint avant de l'être, mais le devenir d'abord, en sorte qu'il y ait quelque vérité à ce qu'on le dise.
Accomplir chaque jour d'une manière effective les préceptes de Dieu.
Aimer la chasteté.
Ne haïr qui que ce Soit.
Ne pas céder à la jalousie.
Réprimer le tourment de l'envie.
Avoir horreur de la dispute.
Fuir l'élèvement.
Vénérer les Anciens.
Aimer les plus jeunes.
Prier pour ses ennemis dans l'amour du Christ.
Se remettre en paix, avant le coucher du soleil, avec celui dont nous éloigne la discorde.
Et ne désespérer jamais de la miséricorde de Dieu.

Voilà quels sont les instruments de l'art spirituel. En les employant jour et nuit, en accomplissant sans relâche le programme des œuvres divines, de manière à les remettre au jour du jugement entre les mains de Dieu, nous recevrons de lui la récompense que Lui-même a promise : "Nul ? il n'a vu, nulle oreille n'a entendu, ce que Dieu a préparé pour ceux qui l'aiment." Quant à l'atelier où nous apportons tous nos soins ont œuvré de la sorte, il n'est autre que le cloître monastique et la communauté où nous sommes stabilisés.

Tous les Chrétiens

Nous pouvons évidemment adapter ces préceptes : loin de ne convenir qu'aux moines, ils peuvent concerner tous les Chrétiens !

Humanité et service divin

Cet extrait nous montre combien Benoît se souciait; non seulement d'ordre, mais d'un certain bien-être mêlé de rigueur pour ses moines. Il refusait l'abus des macérations afin que chacun restât apte au service de Dieu.

La vie bénédictine

La vie bénédictine? C'est d'abord la prière. C'est toujours la prière puisque, après tout, toute tâche consacrée au service de Dieu peut être considérée comme une oraison, une invocation ou une action de grâce, autant qu'un exercice de soumission. Que dire de la lecture, de la lecture approfondie, sagace, rigoureuse des textes sacrés et des relations des vies des Pères du Désert? C'est aussi une prière! Autant que la copie de manuscrits anciens, pour conserver le témoignage et l'enseignement des saints. Les travaux des champs, culture des arbres fruitiers, des céréales, des simples, ne sont-ils pas aussi un hommage à la nature créée par le Très-Haut? Il n'est pas jusqu'à l'élaboration de produits traditionnels comme le fromage ou la bière qui ne soit imprégnée d'une dévotion entière. Ainsi parle t-on, depuis des siècles, de « travail de bénédictin ». Il s'agit d'une lente et longue patience... Et de cette austérité souriante que prônait Benoît, au VIe.siècle.

Sagacité

Diriger une abbaye n'est pas facile. Toutefois, celui qui s'y adonne avec autant de rigueur que de foi s'y forge le caractère. Benoît, tout en raffermissant sa foi, rayonnait. La profonde culture qu'il acquit à force de lectures lui permit de renforcer certaines qualités particulières de sa complexion. Certes, on louait son jugement, son intelligence des choses, sa pénétration intellectuelle. Ce regard perçant que Benoît portait sur les choses et les gens faisait qu'il n'était pas facile à duper.

Tromperie manquée

En effet : un roi païen, le Goth Totila, voulut mettre Benoît à l'épreuve. Il lui envoya son écuyer, dûment vêtu comme lui-même, en roi, muni des insignes de sa fonction et de son autorité. N'importe qui s'y serait laissé prendre. Mais Benoît, après avoir examiné le prétendu souverain déclara : *« Mon fils, ôte tout ce que tu portes sur toi, car cela ne t'appartient pas. »*.

Un éclairage particulier

Il ne s'agit pas là de divination ni d'un « sixième sens » illusoire. La clarté de la vision de Benoît ne provient pas d'une quelconque magie, mais d'un éclairage particulier inspiré par le Seigneur. Benoît ne devine pas : il sait, il voit, il entend. Contrairement à ceux que l'Évangile dépeint comme « ayant des oreilles et n'entendant pas, ayant des yeux et ne voyant pas ».

Les deux sœurs trop bavardes

La sagacité de Benoît l'orientait parfois vers une certaine sévérité. La vie monacale, pour sainte qu'elle veuille être, n'empêche pas certains défauts. Ainsi, deux sœurs du monastère voisin de celui de Benoît, fondé par sa sœur jumelle, Scholastique, passaient leur temps à médire. Elles allaient parfois jusqu'à la calomnie. Et ce péché horripilait Benoît. Aussi les prévint-il : *« Retenez votre langue ou je vous excommunierai ! »*.

Hors du tombeau

Les deux sœurs moururent peu après et furent, comme c'était la coutume, enterrées sous le sol de l'église de leur monastère. Quelque temps après, il y fut prononcé une messe. Selon certaines traditions, cette messe aurait été dite par Benoît lui-même. Or, c'est peu probable, car il n'était pas prêtre, au contraire de certains autres moines. Quoi qu'il en soit, le célébrant déclara :

« Que celui qui n'est pas admis à la communion s'en aille ».
C'est alors que les servantes des deux sœurs défuntes les virent sortir du tombeau et s'en aller hors du lieu saint.

Un terrassier brutal

Une autre anecdote nous présente un miracle qui n'est pas sans rappeler le tout premier. Un moine fort énergique s'acharnait au terrassement. Il maniait sa pioche avec ardeur. Mais une ardeur sans doute disproportionnée à sa tâche. Tant est si bien que le fer de la pioche se désolidarisa du manche et s'envola à quelques pas. Benoît fit un signe de croix et le fer vint se remettre à sa place.

Signification des miracles de saint Benoît

Au-delà de l'aspect merveilleux de ces miracles, il faut en compren--dre le sens: la réparation des outils ou des ustensiles, qu'il s'agisse d'un tamis ou d'une pioche, célèbrent, d'une certaine façon, le travail manuel. Mais aussi font entendre que la maladresse est souvent un manque de disponibilité intérieure, une mauvaise écoute de la nécessité. **Les actions miraculeuses de Benoît font toujours référence à notre dualité:** vie intérieure et présence au monde. Un peu de réflexion aurait suffi au moine pour ne pas briser son outil. Faute d'avoir bien pensé, et parce qu'il a agi d'abord, le malheureux aurait pu détruire sa pioche et, pire, blesser quelqu'un.

Dieu seul connaît l'avenir

La sagesse de Benoît s'exprime par son nom: bene dictus, le « bien dit », la parole juste, la bonne parole, celle de la bénédiction. Les avis de Benoît, par leur sagacité le rendirent célèbre. Il demeura humble parmi les humbles. Ce qui n'empêcha guère qu'on le vénère et qu'on l'imaginait doté de pouvoirs mirifiques. À tel point qu'on alla jusqu'à lui prêter des dons de voyance. Le fait est que le Seigneur, qui seul connaît tous les débuts et toutes les fins, lui permit d'être informé à l'avance de la date de sa propre mort. Benoît fit creuser sa tombe six jours avant et s'éteignit le 21 mars 547.

3. Présentation sommaire de la vie bénédictine

Le moine, le monastère, les vœux

La règle de saint Benoît attache le religieux à son monastère. Ceci par un lien subtil et presque indestructible. Elle précise ce qui, au départ, ne représentait qu'une simple résolution en un vœu continuel. On le prononce avec une haute dignité. Ce vœu est indissoluble, sa rupture constitue une apostasie : le religieux qui décide de quitter la vie monastique devient un apostat. Aussi subira t-il tous les effets de l'apostasie : comme la porte par laquelle on peut rentrer dans le monde est inexorablement fermée derrière quiconque a prononcé le vœu.

Précautions

La règle soumet la vocation à diverses clauses et modalités qui autorisent l'impétrant à s'éprouver lui-même : il doit rédiger pétition pour l'admission. L'âge minimal est de dix-huit ans au moins. Le consentement des parents ou des tuteurs est exigé. Deux années de noviciat.

Copier la Règle

Durant le noviciat, on doit copier la *Règle* de saint Benoît au moins trois fois.

Dom

Autrefois, tout bénédictin portait le titre de dom, qui vient du latin *dominus*. Aujourd'hui, l'abbé seul peut s'appeler *dominus* : il est le Père, le seul maître du monastère. Tous les religieux participent à son élection ; ils peuvent le choisir sans tenir compte de l'ancienneté. Mais dès que l'abbé est élu, il devient un maître absolu et irresponsable.

Décisions

Dans les occasions graves, l'abbé est tenu de prendre conseil des frères. Il les consultera tous de toutes les affaires les plus importantes. Il ne prendra conseil que des Anciens, pour les affaires moins importantes. Cependant, il décidera seul. Et sa décision sera définitive, irrévocable et sans appel.

Prieurs et doyens

L'abbé choisit le prieur et les doyens et il peut les déposer : le prieur après quatre avertissements, les doyens après trois. Cependant le prieur est nommé à vie, comme l'abbé ; c'est pourquoi Benoît, qui redoutait les conflits d'autorité et les divergences de direction, préfère au prieur les doyens (*decani*), chargés de la direction de dix religieux, parce qu'ils ne sont, comme les autres officiers du monastère, tels que le cellérier, le pitancier et le secrétaire, nommés qu'à temps : le doyen pour dix ans, les autres pour quatre ans ou même un an.

Punitions

L'autorité de l'abbé comprend un droit de correction. Il s'exerce par les admonitions : deux en particulier, une en publicain maximum. L'abbé peut aussi sévir par les excommunications : la petite emportant exclusion de la table commune et des offices à la chapelle, la grande privant de la participation aux rites de l'Église. Les châtiments corporels ne sont pas exclus : on peut châtier un Bénédictin par le fouet ou la bastonnade, par l'emprisonnement au d'autres châtiments corporels ; enfin, par 1'expulsion.

Verte baguette !

La légende montre Benoît usant paternellement sur les membres de certains religieux d'une verte baguette. Elle était censée chasser le démon du corps des moines battus. Le Diable n'aime pas les coups.

Démocratie austère

Sous la direction souveraine de l'abbé, le couvent présente l'image d'une démocratie ne tolérant d'autres supériorités que celles qui résultent de la hiérarchie monastique.

Distinctions exclues

Toutes les distinctions établies dans le monde en sont exclues: en dehors de la chapelle, le prêtre lui-même ne jouit d'aucune préséance sur les simples frères et le serf est l'égal des plus nobles. Tous doivent participer aux mêmes labeurs et aux mêmes exercices.

Hiérarchies

Cependant, il est juste de constater qu'en fait, peu de serfs ou d'hommes du bas peuple furent admis parmi les bénédictins, qui se recrutaient ordinairement dans les hautes classes. D'autre part, la règle établit une hiérarchie fort graduée entre les divers membres du monastère et elle détermine, avec la minutie d'un cérémonial diplomatique, les relations et le maintien de ses membres entre eux.

Les travaux et les jours

La journée d'un bénédictin suivant exactement la règle doit se composer alternativement de travail, manuel ou intellectuel et prières: *opus Dei val divinum otium, labor et lectio*. Le tout interrompu par de bref moments pour les repas et le repos. En hiver le milieu du jour, en été le matin et le soir sont réservés au travail manuel. Les heures de chaleur en été, l'obscurité des matinées et des soirées d'hiver sont affectées à l'étude.

Trop d'étude?

À ce propos, force est de constater que les principaux historiographes de l'ordre de saint Benoît, lesquels étaient des Bénédictins écrivant à une époque où leur ordre avait accompli sa dernière évolution, et les auteurs qui ont reproduit leurs assertions, ont grandement exagéré la part que la règle primitive faisait à l'étude. Cette part paraît avoir été plus large et plus effective en bon nombre de monastères qui florissaient avant que la règle bénédictine dominât en Occident.

Travail et offices

En réalité, Benoît, attribuant presque toutes les heures au travail manuel et aux offices de la chapelle, en laisse fort peu à l'étude et à la lecture. Et comme objet il ne mentionne que l'Écriture sainte et les ouvrages des pères. Au XVIIe siècle, Mabillon dut soutenir contre l'abbé de Rancé, fondateur de l'ordre des trappistes, une vive controverse au sujet des études séculières, les trappistes prétendant qu'en omettant ces études, la règle les prohibe.

Les heures

Sept heures canoniques, séparées par des intervalles, sont réservées pour les offices du culte : matines ou laudes, au lever du soleil en été, prime, tierce, sexte, nones, vêpres, complies. Il faut y ajouter le service de minuit, *nocturne vigiliae*, qui doit avoir lieu un peu avant les matines.

Vêtements

Pour la culture et les travaux extérieurs, Benoît prescrit le scapulare, collet couvrant les épaules. Pour la prière et l'étude, il préconise le *cucullus*, sorte de capuchon. Le reste est laissé au pouvoir discrétionnaire de l'abbé. Cette latitude a permis d'adapter le vêtement des bénédictins au climat des divers pays où ils se sont établis : jusqu'au VIIIe siècle il était généralement de couleur blanche.

Nourriture et travail

Les dispositions relatives aux aliments prescrivent la tempérance dans le sens le plus strict, mais délaissent la mortification proprement dite et les macérations systématiques : elles font la part du nécessaire. En outre, l'abbé peut relâcher la rigueur des règles ordinaires sur la quantité et la qualité. Il lui est recommandé de proportionner la nourriture au travail.

Rigueur

Cette règle est, on le voit, assez stricte. Mais elle attire beaucoup de moines : cette vie de rigueur les rapproche évidemment de Dieu !

4. L'expansion de la Règle bénédictine

Une expansion rapide

De ce fait, on comprend que la règle se répandit comme une traînée de poudre ! En Italie d'abord : les papes, fort satisfaits de découvrir un document *interne* permettant de contrôler les moines, l'apprécièrent et la firent connaître. En effet, la vie monastique, dans son éloignement et son secret, échappait aux regards du Saint Siège. Désormais, les autorités sauraient ce qui est ordinaire au sein des cloîtres : une soixantaine d'années après la mort de Benoît, la Règle était connue dans toute la « Botte ».

« Caractère » gaulois

La Gaule, fut plus lente à accepter ce texte. On prétend, avec enjouement, que le caractère brouillon des Gaulois, mais aussi leur goinfrerie, s'opposait à une telle rigueur. C'est évidemment fort exagéré !

Venerandus

Toujours est-il que, et c'est le plus ancien témoignage connu de l'expansion gauloise de la Règle, que l'abbé Venerandus[9] fonda un monastère du côté de Chartres. Il écrivit, en 620[10] à l'évêque d'Albi, pour lui remettre le texte de la Règle. En expliquant qu'elle serait appliquée sans défaillance. Ce qui plut à l'évêque.

[9] Qu'il ne faut pas confondre, comme on le voit trop souvent, avec saint Venerandus de Clermont, qui vécut bien auparavant !

[10] Ou peut-être un peu plus tard ; les opinions des érudits divergent. Certains vont même jusqu'à dater cette lettre de 630 !

[11] Voir : Stéphane Lebecq, *Les Origines franques*, Paris, 1990, p. 163

Walbert de Luxeil

Peu après, le célèbre abbé de Luxeuil, Albert, introduisit la Règle de saint Benoît dans son monastère. Puis il la mélangea avec celle du fondateur de son ordre, l'inestimable saint Colomban : c'est la *règle mixte*.

Régulae mixtae

Les autres monastères l'imiteront peu à peu. Chaque nouvelle règle, mélange varié des deux précédentes, était propre à chaque monastère et les monastères formaient chacun une entité indépendante, ce qui se remarque bien dans l'absence de plan et de structures communes.[11]

En Angleterre

La date de son introduction en Angleterre est discutée. Serait-elle due à saint Wilfrid ?[12] Ou à Benoît Biscop ? Mabillon préfère une hypothèse hardie : Augustin[13], envoyé par Grégoire VII en 596, aurait importé la règle. Ce futur archevêque de Canterbury était fort influent. Néanmoins, on ne trouve aucune mention de la Règle de Saint Benoît, dans l'intégralité de la volumineuse correspondance de ce Pape fort renommé. La Règle, toutefois, sera suivie dans les monastères anglais dès la fin du VIIe siècle.

[12] Saint Wilfrid d'York venait d'Angleterre. Depuis les invasions anglo-saxonnes, l'Église était divisée comme le pays. D'un côté les Bretons ou Celtes de vieille chrétienté qui refusaient l'envahisseur. De l'autre les Angles et les Saxons. L'Église celte refusait l'archevêque anglais de Cantorbéry et vivait pratiquement autonome. L'Église anglo-saxonne fondée par saint Augustin, cent ans auparavant, était soumise au siège romain. Ce fut grâce à saint Wilfrid et à quelques autres que ces chrétientés fusionnèrent au VIIe. siècle et que l'unité religieuse régna dans le pays. Mais la vie de Wilfrid fut très mouvementée. Moine de Lindisfarne, le jeune garçon poursuivit ses études à Cantorbéry. Benoît Biscop, le prit alors comme accompagnateur pour aller à Rome. Et ce voyage fut pour saint Wilfrid, le début de toute une série. Lorsque les voyageurs passèrent par Lyon, l'évêque de ce diocèse, Delphin le retint auprès de lui une année entière. À Rome, il se familiarisa avec la pratique de la liturgie et, en rentrant en Angleterre, il se fit l'apôtre de la liturgie romaine. Il fonda le monastère de Ripon en Angleterre. Devenu évêque d'York, il avait fait entrer au couvent la femme du roi Egfrid qui ne le lui pardonna pas et l'empêcha de rester dans son diocèse. Saint Wilfrid connut ainsi l'emprisonnement puis, par deux fois, l'exil dont il profita pour évangéliser le Sussex, la Hollande et même l'Austrasie où il faillit devenir évêque de Strasbourg. Il put enfin retourner dans son pays et y passer à peu près tranquillement les quatre dernières années de sa vie. Un historien anglais écrit de lui :"Il a fait tant de bien qu'on lui pardonne aisément ses imperfections et ses foucades." Fête le 12 octobre.

[13] Saint Augustin de Canterbury demeure mystérieux : sa vie n'est pas connue, du moins jusqu'au moment où, en 596, saint Grégoire le Grand lui fit quitter la vie tranquille de son abbaye, afin d'en faire un missionnaire. Augustin introduisit la règle bénédictine en Angleterre à la fin du VIe. siècle et devint le premier archevêque de Canterbury.

Oppositions

La Règle de saint Colomban dominait en Europe du Nord Ouest. Ce qui eut pour résultat une opposition fort déterminée à la Règle de saint Benoît ! Néanmoins, l'humanité, l'excellence, même, de cette dernière finit par s'imposer, avec les autres règles comme corollaires, la plupart du temps.

Officialisation et synthèse

Dès 670, un synode d'évêques se tient à Autun et demande à tous les monastères sous son autorité d'adopter la Règle de Benoît. Saint Donat[14], l'évêque de Besançon rédige alors une synthèse des règles de saint Benoît, de saint Colomban[15] et de saint Césaire d'Arles[16].

[14] Saint Donat (592-651) passa son enfance à l'abbaye de Luxeuil. Il fut moine, puis il devint évêque de Besançon. Il était réputé pour sa sévérité. Sa mère, Flavie, fonda un monastère de femmes. Il en rédigea les règles en 77 chapitres. La dureté, la sévérité de ce règlement nous effraie encore ! Gare aux moniales qui parlaient à table ! On leur infligeait six coups de fouet ! Il était interdit de servir la moindre nourriture aux "visiteurs du sexe masculin" y compris les évêques et les abbés, pour les forcer à abréger leurs visites au couvent.

[15] Saint Colomban (540-615) était irlandais. Se destinant à la vie monacale, il entre au monastère de Bangor dans une austère discipline, il quitta l'Irlande avec douze moines vers 590 et vint établir sa retraite au pied des Vosges, dans la forêt d'Annegray. Il y fonda le monastère de Luxeuil, important centre d'érudition qui connut un rayonnement considérable. Son attitude dans la controverse sur la date de Pâques (il voulait conserver la coutume celtique contre le système recommandé par le pape), la dureté de la discipline qu'il professait et les réprimandes qu'il adressa au roi Thierry II pour sa vie licencieuse lui valurent d'être banni en 610. Avec son disciple saint Gall, il s'installa sur les bords du lac de Constance, pour porter l'évangile aux Alamans.

[16] Saint Césaire naquit à Chalon-sur-Saône, en 470 ou 471, de parents catholiques et probablement gallo-romains, Césaire fut admis à l'âge dix-huit ans dans les rangs du clergé de Chalon par l'évêque Silvestre (484 - 526). Ensuite, il partit pour le monastère de Lérins. Il y mena une vie austère. À tel point que sa santé se détériora. Il dut alors quitter le couvent pour se retirer en Arles. Il devint diacre, puis prêtre, avant de diriger un monastère. C'est à l'usage de ses moines que Césaire rédigea la Regula ad monachos.

En 513, saint Césaire d'Arles fonda, aux Aliscamps, sous le patronage de saint Jean, le premier monastère de femmes en Gaule. Isa, sœur Césarie, en fut la première abbesse. Césaire rédigea la Regula sanctarum virginum, règle de ce monastère, qui impose la stricte clôture aux moniales. Celles qui savent lire et écrire élisent leur abbesse. Le but de cette règle est l'union au Christ par la prière perpétuelle dans l'attente de sa venue eschatologique. Les principaux moyens utilisés à cet effet sont classiques : la clôture à vie, la désappropriation des biens personnels, la communauté d'existence, matérialisée par le dortoir commun, la pauvreté du vêtement, le travail manuel ; l'effort se porte avant tout sur la prière liturgique, la méditation, la lectio divina et le jeûne ; ce qui inclut pratique des vertus, notamment le pardon mutuel et l'obéissance. Après quarante années d'épiscopat où il fut peut-être le plus grand prédicateur de l'ancienne Église latine, il mourut le 27 août 543. La vie de saint Césaire d'Arles fut composée par Cyprien de Toulon.

Le Concile d'Aix

Les Carolingiens, plus déterminés, officialiseront énergiquement la Règle bénédictine: En 788, le concile d'Aix-la-Chapelle l'imposa à l'empire, à l'exclusion de toute autre ! Bien évidemment, une telle décision ne fut pas sans rencontrer de résistance. Une grande partie de l'actuelle Bretagne refusa longtemps de s'y soumettre.

Louis et Nominoé

L'excellence de la Règle bénédictine finit par convaincre Convoïon, archidiacre de Vannes. Il la fit respecter dans l'abbaye de Redon, grâce à Gherfred, abbé fort résolu. C'était vers 832[17] et Convoïon fut appuyé par Louis le Pieux, un roi fort bénéfique pour la France naissante et par Nominoé, qui gouvernait l'Armorique sans faiblesses, ni concessions.

L'Espagne

Au Xe siècle, l'Espagne connaissait une période de troubles. Pourtant, œuvre de paix, de calme, de réflexion et de méditation, la Règle bénédictine y fut adoptée ! Dès lors, elle dominait effectivement l'Occident. Les monastères nouvellement fondés à cette époque furent édifiés en suivant les exigences de la Règle. Pour les anciens, ce fut plus complexe: certains furent réaménagés, d'autres rasés puis reconstruits pour suivre les préceptes bénédictins !

Un monde neuf

La Règle bénédictine ne fut pas seulement affaire de moines. Par la constance de ces derniers, elle influença l'Europe du Moyen Âge, au point de devenir l'un des éléments essentiels de sa civilisation. Non seulement d'un point de vue culturel, car, en s'installant, les moines défrichèrent les forêts, dégageant des parcelles pour la culture et l'élevage. Le monde paysan, jusqu'à aujourd'hui, en est encore redevable !

[17] Dom Louis Gougaud: *Les Chrétientés celtiques*, Paris, 1920.

Unité

L'Unité profonde de l'esprit monacal n'est pas seulement contenue dans les règles, mixtes ou non. Car, même lorsque d'autres règles demeurent, elles rejoignent et préfigurent celle de Benoît qui en constitue une sorte d'achèvement, de perfectionnement.

Fondation de l'esprit européen

Une fois l'édifice rasé, les travaux commencèrent : une nouvelle abbaye allait naître. Benoît savait-il déjà que ce serait le berceau de la chrétienté ? Le centre d'une culture profonde, fondatrice de l'Occident ? L'importance de la culture bénédictine, son influence dans tous les domaines de l'esprit sont encore présentes. Et c'est pour cela qu'en 1964, le pape Paul VI fit de saint Benoît le patron de l'Europe.

5. Domaines d'intercession de saint Benoît

Garder l'esprit serein

Saint Benoît, homme solide et déterminé, ne se laissait guère impressionner. Son mysticisme, d'abord exagéré, voire abusif fut à la longue tempéré par un bon sens matériel sympathique et fort humain. L'érudition, loin de devenir une vertige fertile en songes creux et en coquecigrues, se doublait chez lui d'une aptitude résolue aux travaux manuels fussent-ils les plus humbles. C'est pourquoi, il est fort judicieux de prier saint Benoît pour qu'il nous aide à garder l'esprit serein.

L'étude

De ce fait, et parce que la pensée n'est pas, chez lui, éloignée de l'action, il semble raisonnable qu'il soit le père de l'étude. N'oublions pas que l'expression « un travail de bénédictin » correspond à la réalité des travaux de ces saints hommes, et aussi de sœurs de sainte Scholastique ! Benoît nous aidera sans hésiter lorsque nous voulons étudier, connaître, réfléchir et comprendre.

La Pensée

Le savoir a besoin d'être complété par la pensée, la réflexion, la méditation, la contemplation. Saint Benoît dirigeait ses moines en ce sens. Nous pouvons donc le prier pour qu'il nous accorde les dispositions et aptitudes nécessaires pour cela.

Érudits, savants, lettrés...

C'est pourquoi Benoît, dans l'immense bonté qui le caractérise, protège, évidemment les érudits, les chercheurs les savants, les lettrés.

Contre l'ignorance, l'inculture, la brutalité subséquente

De ce fait, il combat farouchement l'ignorance et l'inculture. Du moins l'ignorance qui vient de la paresse et l'inculture qui refuse la connaissance, l'inculture haineuse et violente qui fait tant de mal et caractérise toutes les brutalités du monde.

Mauvaises fréquentations

Saint Benoît lutte contre les mauvaises influences. On ne se rend pas compte combien le manque de discernement dans le choix de nos fréquentations peut nous nuire. Les vrais incultes, porteurs de haine nous détruisent à petit feu.

Mauvaises influences

L'influence de certains « Maîtres » d'aujourd'hui est tout aussi délétère[18]. Et, que dire quand ces mauvaises fréquentations et influences sont résolument démoniaques ? Plus simplement, nous nous laissons parfois impressionner par des gens de mauvais conseil qu'il faudrait fuir comme la peste.

---

[18] C'est le sens même de l'*épître* de saint Jude :
« Bien-aimés, alors que je désirerais vivement vous écrire au sujet de notre salut commun, je me suis senti obligé de vous envoyer cette lettre pour vous exhorter à combattre pour la foi qui a été transmise aux saints une fois pour toutes.
Car il s'est glissé parmi vous certains hommes dont la condamnation est écrite depuis longtemps, des impies qui changent la grâce de notre Dieu en dérèglement et qui renient notre seul maître et Seigneur Jésus-Christ.
Je veux vous rappeler, à vous qui savez fort bien toutes ces choses, que le Seigneur, après avoir sauvé le peuple et l'avoir tiré du pays d'Égypte fit ensuite périr les incrédules ;
Qu'il a réservé pour le jugement du grand jour, enchaîné éternellement par les ténèbres, les anges qui n'ont pas gardé leur dignité, mais qui ont abandonné leur propre demeure ; Que Sodome et Gomorrhe et les villes voisines qui se livrèrent comme eux à la débauche et à des vices contre nature, sont données en exemple, subissant la peine d'un feu éternel.
Malgré cela, ces hommes aussi entraînés par leurs rêveries, souillent pareillement leur chair, méprisent l'autorité et injurient les gloires.
Or, l'archange Michel, lorsqu'il contestait avec le Diable et lui disputait le corps de Moïse, n'osa pas porter contre lui un jugement injurieux, mais il dit Que le Seigneur te réprime !
Eux, au contraire, ils parlent d'une manière injurieuse de ce qu'ils ignorent et ils se corrompent dans ce qu'ils savent naturellement comme les brutes.
Malheur à Eux ! Car ils ont suivi la voie de Caïn, ils se sont jetés pour un salaire dans l'égarement de Balaam, ils se sont perdus par la révolte de Koré. »

Poison

Benoît empêche d'être empoisonné. On a essayé de le détruire ainsi. Mais, s'il est rare aujourd'hui que l'on nous tende, une coupe de poison, il faut considérer que tous les empoisonnements sont concernés, même s'ils sont délibérés, volontaires et de notre fait : intoxications alimentaires, toxicomanie, alcoolisme, etc. En ces cas, saint Benoît sera fort attentif à nos prières et son intercession deviendra précieuse.

Dettes

À condition de ne pas exagérer et d'être de bonne foi, saint Benoît peut nous offrir son auxiliation en cas de dettes. Il aide grandement face aux créanciers. Si nous sommes honnêtes, bien évidemment ! Autrement, sa colère peut devenir terrible ! **Il faut toujours prier à bon escient !**

Auxiliation et procès

Sa raison solide, son sens de l'argumentation, sa générosité en font un bon avocat auprès du Christ. Ce qui lui permet de nous favoriser en cas de procès, de comparution devant la justice, etc...

Patron de l'Europe

Patron de l'Europe, il favorise la paix entre les hommes comme entre les états.

La fête de saint Benoît se célèbre le 11 juillet.

6. La Prière

Il doit en être du pécheur par rapport à son Créateur, comme du malade par rapport à son médecin, et tout pécheur doit prier Dieu comme un malade prie son médecin. Mais la prière du pécheur rencontre deux obstacles, l'excès ou l'absence de lumière. Celui qui ne voit ni ne confesse point ses péchés est privé de toute lumière; au contraire celui qui les voit, mais si grands qu'il désespère du pardon, est offusqué par un excès de lumière: ni l'un ni l'autre ne prient. Que faire donc? Il faut tempérer la lumière, afin que le pécheur voie ses péchés, les confesse, et prie pour eux afin d'en obtenir la rémission. Il faut donc d'abord qu'il prie avec un sentiment de confusion, c'est ce qui a lieu quand le pécheur n'ose point encore s'approcher lui-même de Dieu et cherche quelque homme saint, quelque saint pauvre d'esprit qui soit comme la frange du manteau du Seigneur, et par qui il puisse s'approcher de lui. Nous avons un exemple de cette sorte de prière, dans cette femme de l'Évangile qui souffrait d'un flux de sang: dans son désir d'être guérie, elle s'approche et se disait en elle-même: « Si je touche la frange de son vêtement, je serai sauvée (Matt. IX, 23). » La seconde sorte de prière est celle qui se fait avec une affection pure; c'est ce qui a lieu quand le pécheur s'approche lui-même enfin, et confesse ses péchés de sa propre bouche. La pécheresse qui lavait de ses larmes les pieds du Seigneur, et les essuyait des cheveux de sa tête, et dont le Sauveur a dit « beaucoup de péchés lui sont remis parce qu'elle a beaucoup aimé (Luc. VII, 47), » nous a laissé un exemple de cette prière. La troisième se fait avec une ample effusion de sentiments; c'est quand celui qui avait commencé par prier pour lui-même, prie enfin pour les autres. Voilà comment les apôtres ont prié pour la Chananéenne qui priait elle-même pour sa fille. « Seigneur, disaient-ils, accordez-lui ce qu'elle demande, afin qu'elle s'en aille, car elle crie après nous (Matt. XV, 23). » La quatrième sorte de prière est celle qui part d'un cœur pur sans hésitation, avec action de grâces, et dans un sentiment plein de dévotion. Telle fut la prière que fit le Seigneur quand il ressuscita Lazare depuis quatre jours au tombeau: il dit en effet: « Je vous rends grâce mon Père de ce que vous m'avez écouté (Joan. XI, 41). » Telles sont aussi les prières que l'Apôtre veut que nous fassions fréquemment quand il dit : « Priez sans cesse, et rendez grâce en toute chose (I Thess. V, 17). » C'est de ces quatre sortes de prières, je veux dire de la prière humble et de la pure, de la prière ample et de la dévote qu'il nous parle quand il nous excite en ces termes à prier : « Je vous conjure, avant tout, de faire des supplications, des prières, des demandes et des actions de grâces (I Tim. II, 1). » En effet, les supplications se font dans un sentiment d'humilité, les prières dans un sentiment de pureté, les demandes se font dans un sentiment d'effusion et les actions de grâces dans un sentiment de dévotion.

Vous ayant parlé des différents genres d'affections et de prières, il faut que je vous parle aussi de la pureté de la prière. Et d'abord, il me semble qu'il y a trois choses nécessaires pour donner à la prière une direction ferme. En effet, celui qui prie doit considérer ce qu'il demande dans la prière, quel est celui qu'il prie et quel il est, lui qui prie ? Or, dans l'objet de sa prière il a deux choses à observer, en premier lieu, de ne demander rien qui ne soit selon Dieu, et en second lieu, désirer avec la plus grande ardeur de sentiment ce qu'il demande. Prenons un exemple : demander la mort d'un ennemi, le mal ou la ruine du prochain, ce n'est point faire une prière qui soit selon Dieu, puisque lui-même vous fait cette recommandation : « Aimez vos ennemis, faites du bien à ceux qui vous haïssent, bénissez ceux qui vous maudissent et priez pour ceux qui vous calomnient (Luc. VI, 27). » Mais si nous demandons la rémission de nos péchés, la grâce du Saint-Esprit, la vertu et la sagesse, la foi et la vérité, la justice et l'humilité, la patience, la douceur et tous les autres dons spirituels, si, dis-je, c'est là ce que nous avons en pensée est l'objet de nos plus ardents désirs, notre prière est bien selon Dieu, et mérite par-dessus tout d'être exaucée. Voilà certainement la prière dont Dieu parle quand il dit par la bouche d'Isaïe : « Avant qu'ils crient je les exaucerai ; et lorsqu'ils parleront encore j'exaucerai leurs prières (Isa. LXV, 24). » Il y a d'autres choses encore qui, lorsqu'elles nous font défaut, nous sont accordées de Dieu et peuvent être ou n'être point selon Dieu, d'après la fin à laquelle nous les rapportons.

Telle est la santé du corps, l'argent, et l'abondance des autres choses semblables. Toutes ces choses-là viennent bien de Dieu, néanmoins, il n'en faut pas faire trop de cas ni les posséder avec trop d'attachement. De même, il y a deux choses aussi à considérer dans celui que nous prions, sa bonté et sa majesté: sa bonté par laquelle il veut gratuitement, et sa majesté par laquelle il peut sans peine donner ce qu'on lui demande. Quant à celui qui prie, il a aussi deux choses à considérer par rapport à lui, c'est qu'il ne mérite point d'être exaucé par lui-même, et qu'il n'a d'espoir d'obtenir ce qu'il demande que de la miséricorde de Dieu. C'est enfin avoir un cœur pur que d'avoir présentes à l'esprit les trois choses dont je viens de parler et de la manière que je l'ai dit. Mais celui qui prie avec cette pureté et cette intention du cœur est sûr d'être exaucé, car, selon ce que dit saint Pierre: « Dieu ne fait acception de personne, mais en toute nation, celui qui le craint et dont les œuvres sont justes, lui est agréable (Act. X, 34). »
Saint Bernard de Clairvaux[19], *Sermons*, 107: « Sentiments qu'il faut avoir dans la prière ».

[19] Saint Bernard de Clairvaux vouait une dévotion particulière à saint Benoît, et l'on ressent l'inspiration de ce dernier dans ses œuvres. Né dans une famille aristocratique, Bernard (1091-1153), très tôt, manifeste un dédain de la richesse et des dignités. Les biens matériels le laissent froid tandis que sa piété se renforce de jour en jour. À tel point qu'à Vingt-deux ans, il se décide à renoncer au monde, au confort, à tout ce qui est trivial ou frivole pour prononcer ses vœux.
Son entourage veut alors l'orienter vers la très célèbre abbaye de Cluny. Mais Bernard ne veut pas aller dans un cloître renommé. Il préfère entrer à Cîteaux, monastère plus âpre où l'on vit de prières et de mortifications, où l'on multiplie les jeûnes et les pénitences…
Doté d'une voix à la fois puissante et mélodieuse, Bernard devient un admirable prêcheur. Passant à Paris, il se révolte contre les étudiants qui préfèrent « ouïr le cliquetis des ceintures dorées et des boucles des ribaudes au corps gent plutôt que la psalmodie des moines ».
Mais il veut aller de plus en plus loin dans l'austérité. Son supérieur le comprend et lui ordonne de fonder une abbaye, entouré de douze moines, en souvenir des apôtres du Christ. Ce sera Clairvaux, dont le nom résonne encore glorieusement dans toute la chrétienté.
Clairvaux devient la « mère » de nombreux monastères. Cet essor est gigantesque et bientôt ce sont plus de six cents, voire sept cents religieux qui rejoignent l'ordre cistercien. Et cela dans cent soixante abbayes !
Par la merveilleuse grandeur de ses prêches, le « *doctor mellifleus* » (à la voix de miel) séduite, convainc. C'est, de plus, un grand écrivain dont la poésie mystique est emplie de chefs-d'œuvre. On cite souvent ses merveilleux commentaires sur le *Cantique des Cantiques*. Saint Bernard sera à l'origine de la deuxième croisade et les humbles comme les nobles et les rois viennent lui demander conseil et bénédiction.
Saint Bernard, visité par le Christ et par la Vierge en de nombreuses visions meurt saintement le 20 août 1153.
Fête: le 20 août.

La Prière

L'âme chrétienne a faim d'amour. Elle est désir de Dieu. Son pain, c'est la communion. La prière est son souffle, sa puissance. Aussi, Notre Seigneur dit : *Il faut prier toujours.* Et saint Benoît ne recommande rien tant à son disciple que la prière.

Une pratique

La foi est une, permanente, immanente. La vie constitue son apprentissage. Les rituels constituent une méthode pour l'affermir autant que pour l'affirmer. La prière est la conformation primordiale du propos de la foi.

Notre parole

La prière est notre parole même. Elle varie selon diverses façons. Un ensemble de prières méthodiques constitue l'invocation. C'est un assemblage du discours menant à une plus grande intellection de soi comme des mystères divins.

Pratique

Nous avons voulu présenter ici un rituel pratique. La rigueur de la méthode garantit l'aisance de sa mise en œuvre. Une fois qu'on s'y sera habitué, il deviendra possible de créer ses propres invocations d'une façon sincère autant qu'efficace.

Pour tous et pour chacun

Notre manuel d'incantations s'adresse à tout un chacun, au « chrétien moyen », faillible et bien disposé à vivre une foi harmonieuse. Pour ces raisons, les incantations que nous présentons plus loin nous semblent adaptées à la vie moderne : elles peuvent aussi bien concerner le « petit peuple de Dieu », les « pauvres d'esprit » que les savants et autres gens instruits.

Modifications éventuelles

Chacun pourra les modifier selon ses capacités et à la mesure de son désir de perfectionnement dans la conquête d'une plus grande pureté de l'âme.

Chez les moines

La prière est l'implication même de la vie monastique : l'office divin en est la tournure la plus imposante ; mais il faut y joindre une prière intérieure qui doit sans cesse donner à Dieu tous les actes de la vie religieuse. « Quoi que tu commences, dit saint Benoît, demande à Dieu, par une très instante prière, de vouloir bien lui-même le parfaire[20] ».

Une quête d'intériorité

Ce qui est bon pour les moines peut inspirer tout chrétien. La prière est une quête d'intériorité importante. Prenons-y garde. Il faut aussi raison garder ! La prière peut mener à son propre abus, car elle est douce et bonne. Elle peut procurer un état de grâce, ce qui est juste et bon. Mais elle peut aussi mener vers une sorte de silence de la raison plutôt vertigineux qu'il convient d'éviter. Si la béatitude existe, l'abrutissement est superfétatoire : Dieu n'est pas un tranquillisant !

Nos ennemis !

Une autre recommandation de saint Benoît, au sujet de la prière, c'est de l'offrir à Dieu pour nos ennemis et cela dans l'amour de Jésus ![21]

[20] Ce que saint Benoît exprime ainsi : *Quidquid agendum inchoas bonum, ab eo perfici instantissima oratione deposcas*.
Règle de saint Benoît, « Prologue ».

[21] *In Christi amore pro inimicis orare*
Règle de saint Benoît, IV, 70.

Le texte de saint Benoît

Enfin, pour donner une idée plus complète de la doctrine de saint Benoît sur la prière, nous citons le chapitre XX de la Règle:
La Règle de saint Benoît éclaire généreusement ce qu'est la prière, ce qu'elle doit être en chacun de nous:

> Si, lorsque nous voulons demander quelque grâce aux personnes puissantes, nous ne l'osons faire qu'avec humilité et respect, combien plus, nous adressant à Dieu le souverain Seigneur de toutes choses, devons-nous le supplier avec une profonde humilité et une dévotion pure données à Dieu.
> Et sachons que nous serons exaucés, non par la multiplicité des paroles, mais par la pureté du cœur et par les larmes de la componction.
> Et pour cela la prière doit être courte et pure: si ce n'est qu'elle soit prolongée par un mouvement particulier, une inspiration de la grâce de Dieu (chapitre 20).

Tranquillité, in tranquillité, inquiétude...

La pratique de la prière se régularise d'elle-même: avec la pratique, on saura en tirer un profit personnel, l'amélioration de son être dans la tranquillité de la foi. Mais aussi l'in tranquillité, l'inquiétude nécessaire au respect de Dieu. En même temps, on éprouvera la fabuleuse, la merveilleuse, la grandiose joie d'aimer Dieu de plus en plus pour sa plus grande gloire.

Soi-même

Bien prier, c'est aussi devenir soi-même en Dieu. Cette conquête de soi ne peut évidemment pas se pratiquer chez les laïcs comme dans un monastère bénédictin. Néanmoins, la Règle peut inspirer chacun de nous à sa mesure. Nous avons besoin d'exemple et de retour sur nous-mêmes!

Rayonnement

Et, si notre foi s'affine, nous rayonnerons sur les autres : le croyant sincère peut devenir le phare de son entourage, le convertir, le reconvertir et l'amener à l'amour du Christ.

« Demandes et réponses »

C'est pourquoi on trouvera ci-dessous quelques prières collectives à « demandes et réponses ». Elles peuvent être psalmodiées. Elles permettent une union dans un groupe et ont un effet bienfaisant, reposant, améliorant.

Rituel

Pour jouir véritablement des effets bénéfiques de la prière, il faut l'organiser en rituel. S'il peut et doit y avoir des prières inopinées, il est nécessaire d'organiser ses oraisons. Et, au départ, de les pratiquer tous les jours à la même heure. Ce qui organise, quoi qu'il puisse advenir, un mode de vie chrétien, un « biorythme de la foi ». Cette régularité aide grandement au bien-être en Dieu.

Renouveau quotidien

Avant de conclure, essayons cependant de ne pas céder à la vanité : un rituel n'est pas une routine. Une régularité n'est pas une habitude. Il faudrait, à chaque fois qu'on prie, vivre un renouveau. Bien évidemment, ce n'est pas réellement possible. Mais toute âme qui veut se renforcer doit tendre à ce renouvellement.

Oremus !

DEUXIÈME PARTIE

Prières à saint Benoît

Arélius peignait toutes les faces des images qu'il faisait, à l'air et ressemblance des femmes qu'il aimait, et chacun peint la dévotion selon sa passion et fantaisie. Celui qui est adonné au jeûne se tiendra pour bien dévot pourvu qu'il jeûne, quoique son cœur soit plein de rancune ; et n'osant point tremper sa langue dedans le vin ni même dans l'eau, par sobriété, ne se feindra point de la plonger dedans le sang du prochain par la médisance et calomnie. Un autre s'estimera dévot parce qu'il dit une grande multitude d'oraisons tous les jours, quoiqu'après cela sa langue se fonde toute en paroles fâcheuses, arrogantes et injurieuses parmi ses domestiques et voisins. L'autre tire fort volontiers l'aumône de sa bourse pour la donner aux pauvres, mais il ne peut tirer la douceur de son cœur pour pardonner à ses ennemis ; l'autre pardonnera à ses ennemis, mais de tenir raison à ses créanciers, jamais qu'à vive force de justice. Tous ces gens-là sont vulgairement tenus pour dévots et ne le sont pourtant nullement. Les gens de Saül cherchaient David en sa maison ; Michol ayant mis une statue dedans un lit et l'ayant couverte des habillements de David, leur fit accroire que c'était David même qui dormait malade : ainsi beaucoup de personnes se couvrent de certaines actions extérieures appartenant à la sainte dévotion, et le monde croit que ce sont gens vraiment dévots et spirituels ; mais en vérité ce ne sont que des statues et fantômes de dévotion.

La vraie et vivante dévotion, ô Philothée, présuppose l'amour de Dieu, ainsi elle n'est autre chose qu'un vrai amour de Dieu ; mais non pas toutefois un amour tel quel : car, en tant que l'amour divin il embellit notre âme, il s'appelle grâce, nous rendant agréable à sa divine Majesté ; en tant qu'il nous donne la force de bien faire, il s'appelle charité ; mais quand il est parvenu jusqu'au degré de perfection auquel il ne nous fait pas seulement bien faire, ains nous fait opérer soigneusement, fréquemment et promptement, alors il s'appelle dévotion. Les autruches ne volent jamais ; les poules volent, pesamment toutefois, bassement et rarement ; mais les aigles, les colombes et les arondelles volent souvent, vivement et hautement. Ainsi les pécheurs ne volent point en Dieu, ainsi font toutes leurs courses en la terre et pour la terre ; les gens de bien qui n'ont pas encore atteint la dévotion volent en Dieu par leurs bonnes actions, mais rarement, lentement et pesamment ; les personnes dévotes volent en Dieu fréquemment, promptement et hautement. Bref, la dévotion n'est autre chose qu'une agilité et vivacité spirituelle par le moyen de laquelle la charité fait ses actions en nous, ou nous par elle, promptement et affectionnément ; et comme il appartient à la charité de nous faire généralement et universellement pratiquer tous les commandements de Dieu, il appartient aussi à la dévotion de les nous faire faire promptement et diligemment. C'est pourquoi celui qui n'observe tous les commandements de Dieu, ne peut être estimé ni bon ni dévot, puisque pour être bon il faut avoir la charité, et pour être dévot il faut avoir, outre la charité, une grande vivacité et promptitude aux actions charitables.

Et d'autant que la dévotion gît en certain degré d'excellente charité, non seulement elle nous rend prompts, actifs et diligents à l'observation de tous les commandements de Dieu ; mais outre cela, elle nous provoque à faire promptement et affectionnément le plus de bonnes œuvres que nous pouvons, encore qu'elles ne soient aucunement commandées, ainsi seulement conseillées ou inspirées. Car tout ainsi qu'un homme qui est nouvellement guéri de quelque maladie chemine autant qu'il lui est nécessaire, mais lentement et pesamment, de même le pécheur étant guéri de son iniquité, il chemine autant que Dieu lui commande, pesamment néanmoins et lentement jusques à tant qu'il ait atteint à la dévotion ; car alors, comme un homme bien sain, non seulement il chemine, mais il court et saute « en la voie des commandements de Dieu », et, de plus, il passe et court dans les sentiers des conseils et inspirations célestes. Enfin, la charité et la dévotion ne sont non plus différentes l'une de l'autre que la flamme l'est du feu, d'autant que la charité étant un feu spirituel, quand elle est fort enflammée elle s'appelle dévotion : si que la dévotion n'ajoute rien au feu de la charité, sinon la flamme qui rend la charité prompte, active et diligente, non seulement à l'observation des commandements de Dieu, mais à l'exercice des conseils et inspirations célestes.
Saint François de Sales[22]. *Introduction à la vie dévote*, Chapitre I : « Description de la vraie dévotion ».

Petite neuvaine à saint Benoît

La paresse fait tomber dans l'assoupissement,
Et l'âme nonchalante éprouve la faim.
Proverbes, XIX, 15.

À effectuer durant 21 jours, c'est-à-dire 3 cycles de neuf jours consécutifs ou non. Il s'agit, comme on le voit d'une série de prières courtes que l'on pourra dire en complément des prières habituelles. On y joint souvent un salut à sainte Scholastique[24].

Prière du Matin

Prie et travaille pour qu'Il règne.
Que dans ta journée labeur et repos soient vivifiés par la parole de Dieu.
Maintiens en tout le silence intérieur pour demeurer en Christ.
Pénètre-toi de l'esprit des béatitudes: joie, simplicité, miséricorde.

Antienne

Modèle de vie céleste, Benoît, notre docteur et notre guide, vous dont l'âme unie au Christ exulte dans le ciel, gardez, Pasteur plein de solitude, votre troupeau; fortifiez-le de vos saintes prières et par une voie de lumière faites l'entrer au ciel à votre suite.

---

[22] Saint François de Sales (*1567-1622*), évêque de Genève et Docteur de l'Église, naquit au château de Sales, en Savoie, d'une famille de petite noblesse. Ses vertus le firent remarquer dès son plus jeune âge. Ses condisciples, à l'école, s'écriaient, en le voyant: "Soyons sages, voilà le saint!"
Adolescent, il devint un modèle de piété. Prêtre, il se consacra à l'apostolat, menant patiemment de nombreux réformés à la religion catholique. Ce fut ensuite un évêque énergique et doux à la fois.

[23] Ste Scholastique, "celle - qui - aimait - entendre - parler - de - Dieu", se consacra au Seigneur (son nom signifie disciple). Elle est née à Nursie (Ombrie italienne) vers 480 dans un milieu familial profondément chrétien puisqu'elle est la sœur de saint Benoît. Elle se consacra au Seigneur aux environs du Mont-Cassin, sous la direction de son frère. Elle est considérée comme la première moniale bénédictine. Saint Grégoire le Grand, dans ses Dialogues, raconte que lors de sa première rencontre avec son frère, Scholastique voulut prolonger leur conversation toute la nuit. Par fidélité à la Règle, St Benoît refusa, mais la prière de sa sœur obtint de Dieu un orage qui força le saint à demeurer près d'elle. Benoît s'exclama:
- Que Dieu tout puissant te pardonne, ma sœur! Qu'as-tu fait là?
Scholastique lui répondit:
- Voilà, je t'ai prié, tu n'as pas voulu m'entendre. J'ai prié mon Seigneur, et il m'a écoutée.
St Grégoire, qui raconte le fait, conclut: "Elle fut plus puissante que Benoît, parce qu'en elle l'amour était plus grand". Benoît vit 3 jours plus tard monter au ciel l'âme de sa sœur sous la forme d'une colombe. Ses reliques, et celles de son frère, sont conservées sous l'autel de l'abbaye du Mont Cassin. L'art la représente comme une moniale avec une crosse et un crucifix ou encore avec une colombe sortant de sa bouche.

Oraison

Ô Dieu, qui avez honoré de tant et de si glorieux privilèges la précieuse mort du très saint Père Benoît, daignez accorder, à nous qui honorons sa mémoire la grâce d'être protégés contre les embûches de nos ennemis, à l'heure de notre mort, par sa bienheureuse présence.

Salut à sainte Scholastique

Salut à vous, sainte Scholastique,
Précieuse vierge du Mont Cassin,
Directrice des âmes pieuses,
Moniale aimant Dieu !
Soyez bénite[24] pour vos bienfaits,
La pureté de vos mœurs,
Et votre tendresse envers ceux qui souffrent.

Souvenez-vous,
Ô très miséricordieuse sainte Scholastique,
Qu'on n'a jamais entendu dire
Qu'aucun de ceux qui ont eu recours
Qu'aucun de ceux qui ont imploré
Votre assistance
Ou réclamé vos suffrages,
Ait été abandonné.

Salut à vous, sainte Scholastique,
Précieuse vierge du Mont Cassin,
Directrice des âmes pieuses,
Moniale aimant Dieu !
Soyez bénite pour vos bienfaits,
La pureté de vos mœurs,
Et votre tendresse envers ceux qui souffrent.

---

[24] Il ne s'agit pas ici, comme on pourrait le croire, d'une faute de français ! Cette ancienne prière a tout simplement gardé le vieux participe du verbe « bénir », tel qu'on le trouve encore dans l'expression « eau bénite » !

Animé de cette confiance,
Ô modèle des moniales,
Ô vierge du Mont Cassin,
Je viens vers vous,
Plaintif sous la pesanteur de mes fautes,
Je m'incline à Vos pieds.

Salut à vous, sainte Scholastique,
Précieuse vierge du Mont Cassin,
Directrice des âmes pieuses,
Moniale aimant Dieu !
Soyez bénite pour vos bienfaits,
La pureté de vos mœurs,
Et votre tendresse envers ceux qui souffrent.

Ô vénérable sainte Scholastique,
Ne négligez pas mes oraisons,
Mais oyez-les positivement
Et intercédez pour moi
Afin que le Seigneur daigne les exaucer.

Salut à vous, sainte Scholastique,
Précieuse vierge du Mont Cassin,
Directrice des âmes pieuses,
Moniale aimant Dieu !
Soyez bénite pour vos bienfaits,
La pureté de vos mœurs,
Et votre tendresse envers ceux qui souffrent.

Amen.

Prière du soir

Bénissez, ô mon Dieu, le repos que je vais prendre pour réparer mes forces, afin de mieux vous servir.
Vierge sainte, mère de Dieu et, après Lui, ma plus ferme espérance ;

Mon bon ange, mes saints Patrons, Saints et Saintes du Seigneur, intercédez pour moi, protégez-moi pendant cette nuit, tout le temps de ma vie et à l'heure de ma mort.

Ainsi soit-il.

On peut ajouter cette

Prière de saint Benoît

Cette oraison fut écrite par le saint lui-même et révisée par le pape Benoît XV[25]*. Elle montre la foi de notre bon saint Benoît qui l'exprime d'une façon simple, élégante et véritablement tournée vers le Seigneur. Il sera donc fort judicieux de la prononcer souvent, par exemple à chaque fois que l'on priera saint Benoît.*

Crux santis Patris Benedicti
Crux Sacra Sit Mihi Lux
Non Draco Sit Mihi Dux
Vade Retro Satana !
Nunquam Suade Mihi Vana
Sunt MAla Quae Libas
Ipse Venena Bibas
I. H S.[26]

[25] Benoît XV œuvra pour la paix durant la première guerre mondiale. Cet idéal pacifiste, hélas, fut mal perçu, chacun des belligérants jugeant le saint-père trop favorable à l'ennemi. La hauteur d'esprit de Benoît XV n'a rien à envier à celle de celui dont il a adopté le nom !

[26] Traduction :
Ô croix du Père saint Benoît
Ô croix sainte, sois ma lumière
Que le dragon ne soit point mon cher :
Arrière Satan !
Ne me conseille jamais aucune vanité,
Le breuvage que tu nous verses, c'est le mal.
Bois donc toi-même tes propres poisons.
Gloire au Seigneur !

Trois prières à saint Benoît pour connaître l'amour divin en toute pureté d'âme

Il y aura là un chemin frayé, une route,
Qu'on appellera la voie sainte.
Isaïe 34, 35, 8

Tout un programme ! Et pourtant, que savons-nous du jour qui vient ? C'est dès maintenant qu'il faut se rendre compte de la difficulté d'être pur, et de renoncer au mal. Ainsi s'approchera t-on de l'amour divin, de notre salvation…

Première prière

> Éternel, écoute ma prière, prête l'oreille à mes supplications !
> Exauce-moi dans ta fidélité, dans ta justice.
> *Psaumes,* 134, « Psaume de David ».

Avant, c'était tristesse, aujourd'hui, c'est néant.
Souffle sacré de toute mémoire,
Toi qui me ramènes à Dieu,
Fais-moi retrouver la foi et l'innocence
D'une enfance docile,
D'une jeunesse fervente,
Que le temps a laissé
Loin derrière…

Saint Benoît, tout chrétien peut errer quelquefois. Voyageur de l'infini, mémoire du souffle, cœur avide de charité, il n'en est pas moins faillible. Il possède deux yeux et parfois ne voit point la lumière qui le guide. Qui parfois l'éblouit : cette beauté éternelle emprisonne ses yeux.
Cette gloire, saint Benoît, ne peut jamais s'éteindre. Et c'est fort clairement qu'on peut la contempler. Cette clarté est amour. Et son rayonnement me fera retrouver la foi de mon enfance, la foi de nos pères qu'un aujourd'hui maussade a souvent atténuée.

J'ai gravi quelques-unes des marches qui mènent à toi, Seigneur. Mais je me suis arrêté en chemin. Le cœur errant, l'âme serrée dans l'étau de nonchalance, j'ai repensé aux belles prières, lumières de mon enfance.
Avant, c'était tristesse, aujourd'hui, c'est néant.
Souffle sacré de toute mémoire,
Toi qui me ramènes à Dieu,
Fais-moi retrouver la foi et l'innocence
D'une enfance docile,
D'une jeunesse fervente,
Que le temps a laissé
Loin derrière…

Saint Benoît, tout chrétien peut errer quelquefois. Voyageur de l'infini, mémoire du souffle, cœur avide de charité, il n'en est pas moins faillible. Il possède deux yeux et parfois ne voit point la lumière qui le guide. Qui parfois l'éblouit : cette beauté éternelle emprisonne ses yeux.
Cette gloire, saint Benoît, ne peut jamais s'éteindre. Et c'est fort clairement qu'on peut la contempler. Cette clarté est amour. Et son rayonnement me fera retrouver la foi de mon enfance, la foi de nos pères qu'un aujourd'hui maussade a souvent atténuée.

J'ai reconnu mon cœur ardent d'adolescent en souvenir. Et mon esprit vécut le deuil, d'une foi oubliée, d'une dévotion du temps passé.
Toi qui me ramènes à Dieu,
Fais-moi retrouver la foi et l'innocence
D'une enfance docile,
D'une jeunesse fervente,
Que le temps a laissé
Loin derrière…

Saint Benoît, tout chrétien peut errer quelquefois. Voyageur de l'infini, mémoire du souffle, cœur avide de charité, il n'en est pas moins faillible. Il possède deux yeux et parfois ne voit point la lumière qui le guide. Qui parfois l'éblouit : cette beauté éternelle emprisonne ses yeux.
Cette gloire, saint Benoît, ne peut jamais s'éteindre. Et c'est fort clairement qu'on peut la contempler. Cette clarté est amour. Et son rayonnement me fera retrouver la foi de mon enfance, la foi de nos pères qu'un aujourd'hui maussade a souvent atténuée.

La vie m'a peut-être déçu. J'ai perdu de vue la lumière divine. Je la recherche dans ma mémoire. J'ai tort : elle est là, devant moi. Et je dois la chérir.
Toi qui me ramènes à Dieu,
Fais-moi retrouver la foi et l'innocence

D'une enfance docile,
D'une jeunesse fervente,
Que le temps a laissé
Loin derrière…

Saint Benoît, tout chrétien peut errer quelquefois. Voyageur de l'infini, mémoire du souffle, cœur avide de charité, il n'en est pas moins faillible. Il possède deux yeux et parfois ne voit point la lumière qui le guide. Qui parfois l'éblouit : cette beauté éternelle emprisonne ses yeux.
Cette gloire, saint Benoît, ne peut jamais s'éteindre. Et c'est fort clairement qu'on peut la contempler. Cette clarté est amour. Et son rayonnement me fera retrouver la foi de mon enfance, la foi de nos pères qu'un aujourd'hui maussade a souvent atténuée.

Ainsi soit-il.

Deuxième prière

J'espère en l'Éternel,
Qui cache sa face à la maison de Jacob ; Je place en lui ma confiance.
Isaïe, 8, 17.

Grâce à toi, saint Benoît,
J'ai entendu l'appel de Dieu,
Au creux de la vallée,
Il brillait comme les jonquilles,
Sous un soleil ardent.
Grâce à toi, saint Benoît,
J'ai entendu l'appel de Dieu,
Dans le chant des oiseaux,
Sous les derniers frimas
Qui donnent au mois d'avril
Sa fragile splendeur.
Grâce à toi, saint Benoît,

J'ai entendu l'appel de Dieu,
J'ai respiré les senteurs,
Du lilas en grappes
Une vague de bonheur
Accompagnait mes pas.
Grâce à toi, saint Benoît,
J'ai entendu l'appel de Dieu,
J'ai bu à la fontaine
Une eau fraîche et limpide,
J'ai regardé folâtrer
Les animaux des bois.
Grâce à toi, saint Benoît,
J'ai entendu l'appel de Dieu,
Et dans ma demeure,
J'ai senti la chaleur
Et l'amour du Messie,
Accompagnant ma vie.
Grâce à toi, saint Benoît,
En avançant dans la vie,
Notre foi se modifie,
Notre foi se fortifie.
Elle s'affine,
Se perfectionne.

> Comme se promener, marcher, courir sont des exercices physiques, ainsi les exercices spirituels sont des exercices pour préparer l'âme à supprimer les affections désordonnées et après les avoir enlevées, à chercher et trouver la volonté de Dieu dans sa propre vie, pour le salut de son âme.
> Saint Ignace de Loyola, *Exercices spirituels, Ann. 1.*

Troisième prière

Donnez-nous, saint Benoît,
Par votre intercession
Auprès de Dieu,

Le Père,
Auprès de Dieu,
Le Fils,
Auprès de Dieu,
Le saint Esprit
La constance de la Foi,
Et son exactitude,
Afin de louer le Seigneur,
Du plus haut des cieux !

Au fil du temps.
Elle évolue avec nous.
En même durée,
Les travaux et les jours
Nous laissons plus
De disponibilité
Pour en ressentir les effets,
Pour savourer l'amour divin.

Donnez-nous, saint Benoît,
Par votre intercession
Auprès de Dieu,
Le Père,
Auprès de Dieu,
Le Fils,
Auprès de Dieu,
Le saint Esprit
La constance de la Foi,
Et son exactitude,
Afin de louer le Seigneur,
Du plus haut des cieux !

Et ce sont des moments
À nuls autres pareils,
La foi rayonne et,
Savoureuse comme le miel,
Elle nous rassasie l'âme !
À condition de ne pas trop céder
À la nostalgie d'une foi encore jeune,
Celle de notre enfance.
Chaque âge exprime
Sa confiance en Dieu
D'une façon qui lui convient.

Donnez-nous, saint Benoît,
Par votre intercession
Auprès de Dieu,
Le Père,
Auprès de Dieu,
Le Fils,
Auprès de Dieu,
Le saint Esprit
La constance de la Foi,
Et son exactitude,
Afin de louer le Seigneur,
Du plus haut des cieux.

Trois prières à saint Benoît pour trouver de l'argent en cas de grande urgence ou de dettes trop lourdes

> Éternel, écoute ma prière, Et que mon cri parvienne jusqu'à toi !
> Ne me cache pas ta face au jour de ma détresse !
> *Psaumes* 102,1, 2.

Première prière

> Et il me montra un fleuve d'eau de la vie, limpide comme du cristal, qui sortait du trône de Dieu et de l'agneau.
> *Apocalypse,* 22,1.

Toi qui connus la faim et l'extrême indigence, ô Benoît, aide-moi à devenir plus sage. Toi qui organisas la frugalité des moines et qui leur fit connaître la quiétude de toute vraie tempérance, aide-moi à trouver la mesure. Toi qui sus vaincre le désir des biens de ce bas monde, des richesses et du lucre, donne moi la tempérance.

Deuxième prière

> Sauve-moi, ô Dieu !
> Car les eaux menacent ma vie.
> *Psaumes,* 69, 2

Bienheureux saint Benoît, par ta grandeur sublime, aide-moi ! Il est juste et bon de te rendre grâce ! Tu es le bâtisseur et tu sauras aider celui qui a besoin de toi ! Écoute ma prière !

Ce qui me manque, Benoît, c'est aussi l'équilibre du cœur. Ô prends pitié de ma faiblesse. Une défaite est certaine si je ne sais me retenir.

Il n'y a pas de jour durant lequel mon désir d'acquérir ne taraude mon esprit. La gêne dévoie ma vie. Les dettes s'accumulent. Et je ne sais plus faire face.

Bienheureux saint Benoît, par ta grandeur sublime, aide-moi ! Il est juste et bon de te rendre grâce ! Tu es le bâtisseur et tu sauras aider celui qui a besoin de toi ! Écoute ma prière !

Benoît, mon cœur voudrait connaître enfin la paix.
Ici et maintenant je vis dans la détresse.
Ton aide serait précieuse. Et ta protection m'éviterait de sombrer encore dans l'exagération.

Bienheureux saint Benoît, par ta grandeur sublime, aide-moi ! Il est juste et bon de te rendre grâce ! Tu es le bâtisseur et tu sauras aider celui qui a besoin de toi ! Écoute ma prière !

Cette détresse est mienne, elle m'habite et m'imprègne. Un appel vers ton nom est toujours entendu. Libère-moi, Benoît de cette affliction.

Bienheureux saint Benoît, par ta grandeur sublime, aide-moi ! Il est juste et bon de te rendre grâce ! Tu es le bâtisseur et tu sauras aider celui qui a besoin de toi ! Écoute ma prière !

Ne me laisse pas ainsi, éperdu, affolé. Il y a dans mon âme un trouble envahissant. C'est ma faute, je le sais, mais ta protection saura la réparer. Hier j'ai péché, et encore aujourd'hui. Ordonne à mon cœur de ne plus défaillir. Ne me laisse pas encore fléchir.

Bienheureux saint Benoît, par ta grandeur sublime, aide-moi ! Il est juste et bon de te rendre grâce ! Tu es le bâtisseur et tu sauras aider celui qui a besoin de toi ! Écoute ma prière !

Cette gêne doit cesser pour moi comme pour les miens. Un peu de ta bonté saura y mettre fin. La mansuétude immense dont tu sais faire preuve me protégera désormais contre la tentation.

Bienheureux saint Benoît, par ta grandeur sublime, aide-moi ! Il est juste et bon de te rendre grâce ! Tu es le bâtisseur et tu sauras aider celui qui a besoin de toi ! Écoute ma prière !

Chaque jour est un poids, chaque nuit m'inquiète. Hier fut malheureux, demain aussi, je pense. Avec ton aide, pourtant, je sais, en toute confiance, que je m'en sortirai malgré ma légèreté. Ton nom est protection. Ta bonté est ta gloire. Et c'est très humblement que je m'adresse à toi.

Bienheureux saint Benoît, par ta grandeur sublime, aide-moi ! Il est juste et bon de te rendre grâce ! Tu es le bâtisseur et tu sauras aider celui qui a besoin de toi ! Écoute ma prière !

Franchement, je t'implore. Oublie ma faiblesse. Un bien que je demande t'est facile à donner. Tu sauras m'exaucer et réparer ma dette. Résisterai-je encore à cette tentation ? En vérité, j'en suis certain, pour peu que tu m'exauces.

Bienheureux saint Benoît, par ta grandeur sublime, aide-moi ! Il est juste et bon de te rendre grâce ! Tu es le bâtisseur et tu sauras aider celui qui a besoin de toi ! Écoute ma prière !

Ainsi soit-il

Troisième prière

> Un héritage promptement acquis dès l'origine
> Ne sera pas béni quand viendra la fin.
> *Proverbes*, 20, 21.

Cette prière prend place dans la sainte tradition des oraisons dialoguées. Le fait de prier à deux ou à plusieurs est particulièrement réconfortant !

A : Dieu permet la grâce.

B : Mais il nous sait faillibles.

A : Qui donc est sûr de soi en ce monde trop humain ?

B : « *Il n'y a pas de juste, pas même un seul.* »[27]

A : Et ce n'est pas justice que de trop désirer les objets mercantiles qui nous sont proposés.

B : À quoi sert ce désir de biens matériels ? Ne serait-ce pas l'intention du malin que de dissoudre en eux notre désir de pureté ?

A : On s'émerveille à bon compte en regardant ce qui n'est que marchandise et consommation. Ce matérialisme nous aveugle !

A : « *Ouvre mes yeux pour que je contemple les merveilles de Ta loi.* »[28]

B : Saint Benoît, par la frugalité de ses mœurs peut nous amener à mieux considérer l'unique, l'important, le primordial, l'Esprit.

A : En demandant ainsi une aide financière à un saint, nous pouvons croire que nous outrepassons.

B : Aussi convient-il de ne prononcer cette invocation qu'en cas d'extrême besoin…

---

[27] *Épître* de saint Paul aux Romains, 3 :10.
[28] *Psaumes*, 119 : 18.

C : Autrement ce ne serait que complaisance et vanité !

A : Prions !

B : Car notre cœur est pur !

A et B : Gloire à Dieu au plus haut des cieux !

Trois prières à saint Benoît pour acquérir, ou pour renforcer la certitude du croyant

Les citoyens du ciel en connaissent les délices ; mais les fils d'Eve, encore exilés, gémissent sur l'amertume et l'ennui de la vie présente.
Les jours d'ici-bas sont courts et mauvais, pleins de douleurs et d'angoisses. L'homme y est souillé de beaucoup de péchés, engagé dans beaucoup de passions, agité par mille craintes, embarrassé de mille soins, emporté çà et là par la curiosité, séduit par une foule de chimères, environné d'erreurs, brisé de travaux, accablé de tentations, énervé de délices, tourmenté par la pauvreté.
Thomas A Kempis, *L'Imitation de Jésus Christ,* Livre III. « De la vie intérieure »[29].

Ces prières sont aussi des méditations. Elles tentent de nous faire plonger au fond de notre être afin de mieux comprendre la nécessité de la foi, de notre foi...

Première Prière

Une bonne réputation vaut mieux que le bon parfum, et le jour de la mort que le jour de la naissance.
Ecclésiaste, 7, 1.

Qui n'a jamais douté ?

---

[29] Thomas a Kempis (1380-1471) est l'auteur de L'Imitation de *Jésus-Christ*, l'un des livres de dévotion chrétienne les plus connus.
Né à Kempen, en Allemagne (près de Cologne) en 1380, il est décédé près de Zwolle (près d'Amsterdam) en 1471. Son nom de famille était Hemerken ou Hammerlein, ce qui signifie « petit marteau ».
En 1395 il fut envoyé à Deventer, à l'école des Frères de la vie commune. Il devint un copiste talentueux, capable de subvenir à ses besoins. Plus tard, il fut admis au couvent des Augustiniens du Mont Sainte Agnès près de Zwolle. Thomas fut ordonné prêtre en 1413 et fut nommé sous-prieur en 1429. Thomas mena une vie paisible, partageant son temps entre des exercices de dévotion, l'écriture et la copie. Ses enseignements étaient très lus, et ses travaux abondent en citations bibliques, particulièrement celles du Nouveau Testament.

Saint Benoît, délivre-moi de mes hésitations !

L'épreuve de l'incertitude fait partie de l'errance humaine. Il faut savoir l'affronter. Et surtout ne jamais se croire à l'abri de cette terrible affliction : ce serait un péché d'orgueil. Les plus grands, parmi les saints, ont connu le doute autant que la tentation. En suivant leur exemple, nous parviendrons à raffermir notre foi. À la laisser nous illuminer. Que notre joie demeure.

Saint Benoît, délivre-moi de mes hésitations !

Benoît, dans ta grande sagesse, Benoît, dans ta sagacité, instille dans mon cœur le désir d'accueillir, toute la grandeur d'une foi sans écueil, et donne-moi la paix de l'âme.

Ainsi soit-il !

Maintenons le cap, avec ton aide précieuse, bienheureux saint Benoît ! Allons de l'avant tout en se respectant soi-même au plus intime de la croyance. Résistons aux forces du mal qui distillent le doute.
Tenons bon. Inlassablement.
Non, il ne faut pas se décourager. Évoluons dans le sens d'une foi pure et solide…

Ainsi peut s'énoncer le chemin du croyant.

Désirons, avec ton aide, valeureux saint Benoît, la patience et la soumission à la volonté divine qui ne va pas de soi. En côtoyant l'abîme du doute, nous risquons de choir à chaque instant.
Joie et constance : Benoît ! Tu as su organiser la foi de tout un peuple. On ne saurait trouver meilleure aide que celui qui fut capable d'une telle fermeté d'âme. Le doute nous rongera encore quelque temps, après cette oraison.
Il ne faut pas s'en étonner : sa disparition sera progressive. Silencieuse.

Ne demandons pas, en plus, l'immédiateté.
Il faut prendre patience. C'est par cette patience même que le doute s'évanouira. Hésiter, délibérer, ratiociner ne servent à rien : attendre est notre recours. On ressentira avec plaisir les étapes de cette guérison, car saint Benoît nous éclairera. Ne doutons plus ; l'incertitude est une maladie de l'âme. Sachons supporter notre convalescence.

Ainsi soit-il !

Deuxième prière

> Que Dieu te donne de la rosée du ciel
> Et de la graisse de la Terre,
> Du blé et du vin en abondance.
> *Genèse*, 27, 28.

Me voici à vos pieds, valeureux Benoît, car je vous demande ma guérison, car je suis assailli par l'atrocité du doute intermittent !

En vérité, nous sommes pécheurs, nous autres pauvres humains et moi, particulièrement, car ma volonté est dépassée par les tentations !

Regardez ma détresse, ô Benoît !

Daignez considérer que mon cœur est pur !

Et que mon vœu le plus cher est d'adorer le Seigneur en respectant Sa sainte Loi.

Accordez-moi la compassion, la charité, la miséricorde.

Comprenez mon désarroi ! Hier, comme aujourd'hui, je suis dans la souffrance !

Il faut que vous intercédiez pour moi, ô grand saint Benoît !

Regardez ma douleur : faut-il qu'elle perdure en m'empêchant d'avoir l'esprit libre et le cœur dispos pour servir le Seigneur ?

Ayez pitié de moi !

Comprenez-moi, et veillez que je ne m'égare pas de la très sainte voie montrée par Jean Baptiste, le chemin même du Christ et la route d'Abraham, père des hommes et fils de Dieu.

Ainsi soit-il.

Troisième prière

> Fais-nous revenir vers toi, ô Éternel, et nous reviendrons !
> *Lamentations de Jérémie,* 5,21

Ce qui importe le plus,
Vénérable saint Benoît,
C'est de comprendre enfin,
Toujours et partout,
L'absolue nécessité de la foi.
Or, le doute, par lui-même
Remet en question ce que nous sommes en réalité,
Tout au fond de notre cœur.
Aussi, vénérable saint Benoît,
Je te demande,
De m'éloigner de cette méfiance !

Un instant suffit pour perdre la confiance.
Il n'y a personne qui soit à l'abri d'une telle défaillance.
La meilleure solution est de se représenter, avec les yeux de l'esprit, la grandeur de la bonté divine.

La vision intérieure du paradis peut aussi nous aider.

Et c'est par cette contemplation, vénérable saint Benoît, que nous fortifierons notre espoir en la divine providence.

Au nom du Père, du Fils et du Saint Esprit,
Ainsi soit-il !

Trois prières à saint Benoît pour résoudre un problème délicat ou triompher d'une épreuve

> C'est une joie pour le juste de pratiquer la justice,
> Mais la ruine est pour ceux qui font le mal.
> *Proverbes,* 21, 15.

Première prière

Mon âme erre dans l'incertitude. Écoute ma prière, saint Benoît, toi qui sus entendre Dieu. Réponds à mon désir d'amour et de piété. Donne-moi, ô saint Benoît, l'espoir qui me manque. Et fais que mon âme découvre l'intense joie de la foi.

Mes larmes sont brûlantes. Et mon hésitation me devient douloureuse. Répands sur moi ta bienveillance. Dans la paix du Seigneur, ô saint Benoît, restaure ma confiance. Et qu'advienne le Règne du très Haut.

Mon cœur est attristé. Errant dans le marasme, je suis comme un navire à la dérive. Ramène-moi au port, ô saint Benoît. Dirige mon âme, mon cœur dans le sens de la foi. Et que soit accomplie, sur la terre comme au ciel, la volonté de Dieu.

Deuxième prière

> Vous êtes la lumière du monde. Une ville située sur une montagne ne peut être cachée et on n'allume pas une lampe pour la mettre sous le boisseau…
> *Évangile* selon Saint Matthieu, 5,14-15

La grande bienveillance dont tu as su faire preuve, ô saint Benoît, saura raffermir ma foi et mon espoir. Aide-moi tandis que je me trouve dans l'adversité. Grâce à toi, je le sais, mes tourments prendront fin. Rassérène mon cœur. Ôte de mon chemin les épreuves et les peines.

Soutiens-moi dans l'adversité. Secoure-moi dans la douleur. En te priant, je retrouve ma confiance.
Benoît ! Il est juste qu'on te vénère ! Ta foi demeure notre modèle.
Écoute-moi, pauvre pécheur qui t'implore et supplie.
Assiste-moi, toi qui fut tout amour.
Dans la nuit, tu me seras lumière. Une seule de tes paroles pourra me sauver. Dans la peine tu me seras douceur autant que réconfort. Un seul de tes gestes et ma peine s'enfuira. Le monde me semble dur autant qu'impitoyable. En te priant je crois que tu sauras m'aider.
Ainsi soit-il.

Troisième prière

> Dieu nous prouve son amour envers nous en ce que, lorsque nous étions encore des pécheurs, Christ est mort pour nous.
> *Première Épître* de saint Paul aux Romains, 5:8.

Saint Benoît soit mon auxiliaire.
Tu me mèneras vers une plus grande clarté intérieure.
Une sagacité nécessaire.
Car, pour résoudre un problème, pour triompher d'une épreuve, il convient de bien considérer les tenants et les aboutissants de la situation.
Toute hâte serait malvenue.

Purifions-nous par la confession.
Partageons notre fardeau avec notre directeur de conscience.
Et ce qui fut pénible deviendra doux.
Et de la faim avide naîtra la satiété, celle-là même que, vénérable Benoît, tu connus à Pâques, quand un prêtre, sur l'injonction du Seigneur, t'apporta un festin délicieux.

La souffrance, les épreuves, sont le lot de tout un chacun.
Cependant, les saints en ont une connaissance accrue.
L'ascèse fait connaître de nombreuses incertitudes.

Parfois même, la foi vacille.
Autant de déboires qu'il t'a fallu affronter.
C'est en ce sens qu'il faut s'adresser à toi : l'adversité doit céder.
Tu sauras nous y aider avec complaisance et efficacité.

Ainsi soit-il.

Trois prières à saint Benoît pour qu'il protège un nouveau-né

> Alors je donnerai aux peuples des lèvres pures
> Afin qu'ils invoquent tous le nom de l'Éternel…
> *Sophonie*, 2, 9.

Une vie neuve, de nouvelles craintes… Et tant d'amour! Prions saint Benoît, qu'il ait cet enfant en sa sainte garde!

Première prière

> Mais dès ce jour je répandrai ma bénédiction.
> *Aggée*, 2, 19.

Merveilleuse vision, ô saint Benoît, que celle d'un nouvel être venu au jour, la vie commence, c'est l'éclosion, comme un printemps vigoureux!

On se presse autour du bébé, on se réjouit, on félicite les heureux parents. Regarde la joie, ô saint Benoît, et bénis tous ces gens assemblés autour de l'espoir nouvellement né! La force de ton intercession protégera cet enfant!

Ta mansuétude lui sourira!

Avec la vie vient cependant l'inquiétude.

Une existence peut aussi contenir des malheurs, car ce bas monde est empli d'horreurs diverses: xénophobie, racisme, concupiscence, misère, égoïsme, chômage, délinquance, drogue, dictatures, etc.

Voici donc le dilemme, vénérable saint Benoît: vivre c'est aussi souffrir.

Accepter sa propre souffrance comme celle des autres, et voici qu'il te faudra aider cette jeune âme à comprendre cette dureté.

Ce n'est pas facile, ô saint Benoît, aussi veuille prendre cette jeunesse sous ta protection. Humainement, cela dépasse souvent nos capacités. Et grâce à toi, cette vie qui commence sera bien guidée sur le chemin d'existence. Sa vie doit commencer sous les meilleurs auspices.

Ainsi soit-il.

Deuxième prière

> De l'innocence naît la dignité de la dignité l'honneur, de l'honneur le pouvoir, du pouvoir la liberté
> Isidore de Séville, *Étymologies* II, 21

Salut à la vie, ô saint Benoît, à cette vie que tu sauras protéger. Avec la puissance de ta grande bonté. Le jour de naissance est celui de la providence. Ô Benoît fais que cet enfant connaisse les vertus salvatrices ! Pour la plus grande gloire de Dieu. Et pour ta gloire aussi.

Troisième prière

> Dieu ; quel amour n'est pas une solitude ?
> Sony Labou Tansi, *Les sept solitudes de Lorsa Lopez,* 1985.

Parce qu'il est bon que la vie perdure,
Il faut prier pour cet enfant.
Nouvellement, la chair s'annonce. Et l'esprit dirigera le corps.
Avec ton aide, ô saint Benoît…
Une existence sera fervente.
Considérons le bien, le juste…
Une vie, c'est de la patience. La bonté qui est tienne rayonnera sur cette vie.

Amen.

Trois prières à saint Benoît en cas de faute grave

Les impies tournent en rond
Psaumes, XI, 9.

Pour implorer sincèrement le pardon, avec contrition et repentir !

Première prière

L'oraison est à l'esprit ce que l'âme est au corps
Marthe Robin[30]

On complétera cette prière par trois Je vous salue Marie, trois fois par jour puisque la vierge auxiliatrice est aussi dite Consolatrix afflictorum : celle qui apaise les affligés.
On y ajoutera trois Notre Père, trois fois par jour. Car le Seigneur, dans Sa Toute Puissance déterminera ce qui est juste et bon.

Celui qui vous aime, ô saint Benoît, ne criera pas en vain sa douleur et sa peine.
Ses larmes de repentir irrigueront l'arbre de justice.

Saint Benoît, le juste, écoutez-moi,
Saint Benoît, le juste, priez pour moi,
Saint Benoît, le juste, intercédez pour moi,
Saint Benoît, le juste exaucez-moi !

Votre miséricorde jointe à votre bonté s'étendra sur lui. Le Seigneur a béni vos actions et votre grâce est sûre.

[30] Marthe Robin (1902-1981) subit deux attaques de paralysie et se consacra à la création de foyers, d'abris pour les nécessiteux, que ce soit en Europe oui dans d'autres continents. Ce qu'on lit ci-dessus est extrait d'une de ses conférences, 1931.

Saint Benoît, le juste, écoutez-moi,
Saint Benoît, le juste, priez pour moi,
Saint Benoît, le juste, intercédez pour moi,
Saint Benoît, le juste exaucez-moi !

Gloire à Vous, saint Benoît, qui fut juste et bon.
Et gloire soit au Père, au fils, à l'Esprit-Saint, par les siècles des siècles. Amen.

Deuxième prière

> Plaise à ta bonté que vienne ton Esprit et sur ces dons qu'il les bénisse et sanctifie et manifeste ce pain comme le corps du Christ
> *Propos* de saint Basile[32]

Il s'agit d'une prière de profond repentir ; on s'y appliquera avant de dire Trois Je vous salue Marie, suivis d'autant d'actes de contrition.

Exaucez-moi, ô saint Benoît, au moment de la peine. Ne me laissez pas seul dans le remords amer; tournez votre regard vers moi. Cette faute ou ce crime que j'ai commis m'oppressent. Un instant d'égarement a suffi pour mon indignité.
Libérez-moi, ô saint Benoît, du tourment affligeant. Envoyez-moi l'annonce de votre précieux pardon...
Terrible est la souffrance que j'ai infligée. Atroce fut la douleur d'une victime innocente.
Généreusement, je sais, ô saint Benoît, que vous m'exaucerez.
Remords est mon état. Affliction mon action. Ne me laissez pas au sein des ténèbres. Donnez-moi la paix.
Mérite est mon destin si mon remords sincère conduit désormais chacun de mes actes. Et votre bonté, ô saint Benoît, me permettra de rejoindre le chemin des vertus. Renoncement au mal : telle sera ma victoire. Et vous m'y aiderez en toute sollicitude.

Troisième prière

Tu es tombé comme on tombe devant les méchants
Samuel, 3, 34

Dernière prière de ce cycle ternaire, qu'il convient de répéter souvent!

Comme vous sutes juger les fautes de vos ouailles, saint Benoît, pesez ma faute sur la balance de justice.
Ordonnez mon châtiment selon votre volonté. Un seul de vos regards et je serai sauvé.
Il me faut maintenant boire le calice amer de mon indignité.
Libérez-moi du mal.
Libérez-moi du mal.
Et que votre clémence apaise mon trouble ardent.

En cas de récidive, ou de crainte de retomber dans l'erreur, on s'appliquera à redire ces prières trois fois :

1 – La première en silence en laissant les paroles résonner sans bruit dans le for intérieur sans qu'on puisse les entendre.
2 – La deuxième à mi-voix, en psalmodiant, de façon à s'imprégner en douceur et en tendresse des mots sacrés de cette sainte oraison.
3 – La troisième à claire et intelligible voix pour affirmer la foi.

Réciter de même trois Je vous salue Marie, puis trois Gloria.
Si l'endurcissement persiste, on recommencera pendant trois fois trois jours séparés par trois jours durant lesquels on ne dira que les prières habituelles.

[31] Saint Basile (220-379) évangélisa la Cappadoce. Il fut baptisé à 25 ans. Ses deux frères, Grégoire et Pierre étaient évêques. Il entreprit un long voyage en Syrie, en Égypte, en Mésopotamie, en Palestine afin de rencontrer des ascètes. Puis il se retira du monde. Bientôt, des disciples vinrent le rejoindre. Et c'est ainsi que furent fondés les monastères. Basile nous laissa de nombreux textes dont la beauté fut l'admiration même de ses ennemis païens, tel Lebanus, auteur de nombreux traités contre la Foi Véritable en Notre Seigneur Jésus, le Christ-Roi.

Trois prières à saint Benoît pour lui rendre grâce

J'ai exaucé ceux qui ne Me demandaient rien. Je me suis laissé trouver par ceux qui ne Me cherchaient pas.
Isaïe, 65 : 1

Première prière

Qui dira qu'une chose arrive
Sans que le Seigneur l'ait ordonné ?
N'est-ce pas de la volonté du très haut
Que viennent
Les maux et les biens ?
Lamentations de Jérémie, 3 ; 37-39.

Heureux celui qui vous aime, ô saint Benoît, car vous serez toujours auprès de lui.
Gloire au Père, au Fils, au Saint-Esprit que vous honorâtes sans défaillir.
Vous êtes la lumière de la foi, la source du savoir.
Gloire au Père, au Fils, au Saint-Esprit que vous honorâtes sans défaillir.
Je célèbre avec joie votre gloire, saint Benoît, médiateur, intercesseur, lumière de l'Occident.
Gloire au Père, au Fils, au Saint-Esprit que vous honorâtes sans discontinuer.
Daignez recevoir l'hommage et l'honneur : je témoigne de ma confiance en vous et de ma foi en Dieu.
Gloire au Père, au Fils, au Saint-Esprit que vous honorâtes sans défaillir.
Vous êtes le directeur de ma faible conscience.
Gloire au Père, au Fils, au Saint-Esprit que vous honorâtes sans défaillir.

J'élève mon cœur vers vous, saint Benoît de toute sagesse et de toute vertu.
Gloire au Père, au Fils, au Saint-Esprit que vous honorâtes sans discontinuer.
Heureux celui qui vous aime, ô saint Benoît, car vous serez toujours auprès de lui.
Gloire au Père, au Fils, au Saint-Esprit que vous honorâtes sans discontinuer.

Deuxième prière

> S'anéantir dans l'Amour est ce que je sais de plus haut
> Hadewijch d'Anvers, *Mengeldichten* c.1240.[32]

Cc jour est dans mon cœur celui de la Reconnaissance. Je parle à votre âme, ô saint Benoît, avec sincérité. Vous avez exaucé la plupart de mes vœux, lorsque je m'en suis montré digne. À l'exemple du Seigneur, vous m'avez même parfois donné ce que je n'osais demander.
Aussi, en ce moment, pour votre grande gloire, recevez mon hommage.

Troisième prière

> Tout ce que j'ai écrit en effet lors de mes premières visions, tout le savoir que j'ai acquis par la suite, c'est aux mystères des cieux que je le dois.
> Hildegarde de Bingen, *De modu visionis suae,* C. 1141.[33]

[32] Hadewijch d'Anvers (vers 1200 - vers 1260), femme très cultivée, forte personnalité instruisant des groupes de compagnes, écrivain mystique, est le premier auteur à rédiger ses œuvres spirituelles en langue vulgaire. Elle appartient au mouvement des béguines qui tentent, face à la corruption générale, d'amorcer un renouveau spirituel dès la fin du XIIe siècle.

[33] Sainte Hildegarde demeure à la fois très connue et mystérieuse. Visionnaire depuis la petite enfance, Hildegarde dut céder à l'ordre qu'elle recueillit en 1141 : « Écris ce que tu vois et ce que tu entends. ». Elle rédige alors « le Livre des œuvres divines » et sera pourtant l'auteur d'une œuvre immense et variée qui lui est directement inspirée par ses visions. Les puissants l'ont reconnue comme une conscience de l'Europe entière. Elle écrivait aux trois papes successifs, à l'empereur Frédéric Barberousse, au roi d'Angleterre, Henri II. Les visions puissantes d'Hildegarde sont l'inspiration de fort nombreux chrétiens. Comme, d'ailleurs, son régime monacal ! Son ouvrage principal, *Sci Vias* est l'une des sources majeures pour qui veut comprendre cette époque étonnante.

Joie !
Joie immortelle du juste
Suivant ton enseignement !

Tu es l'exactitude,
Lecteur de la parole,
Et tu es la prudence,
En tout entendement !

Joie !
Joie sereine du sage qui s'inspire de toi, admirable saint Benoît !

Benoît, le miel de science imprègne ta Parole.
Benoît, mon ignorance implore ta Lumière.
Benoît, ta vérité se fonde sur la justesse !

Joie !
Joie encore,
Celle du pécheur
Qui malgré toute sa honte
Lève les yeux vers toi
Pour implorer ta clémence,
Saint Benoît, le juste.

Frugalité sublime
De qui veut entendre Dieu,
Voici que vous avez vécu dans ce souci constant !

Joie !
Joie du savoir que tu as dispensé.

Tu as tant aimé,
Saint Benoît !
Tu es frère des hommes,
Et affidé de Dieu !

Joie !
Joie simple de l'humble qui,
Maladroitement,
Cherche à te complaire et t'aime !

Tu es l'homme de silence,
Le bâtisseur,
Le Père de l'Europe,
Et le frère des humains !

Benoît, tu restauras les études oubliées.
Donne-moi le savoir.
Et puis la connaissance.
Pour la plus grande gloire de Dieu.

Joie !
Joie de la lumière
Qui rayonne de toi
Ô saint Benoît,
Pour éclairer nos âmes,
Dissiper les ténèbres !

Tu as chanté la Gloire
Du seigneur ineffable !
Tu as loué Dieu,
En bonnes intentions,
Et véritable aussi
Durant chaque instant
De chacun de tes jours !

Joie !
Chantons avec transports ta grande sagesse.
Que ma joie demeure !

Tu mérites notre confiance !
Tu ne la décevras pas !
Tu es bénévolence,
Vénérable Benoît !

Ainsi soit-il !

Trois prières à saint Benoît en cas de maladie

> J'entendis la voix du Seigneur disant : qui enverrai-je, et qui marchera pour nous ?
> *Isaïe*, 6, 8.

L'espoir, en cas d'affection, n'est pas aisé à soutenir. Ce qui touche le corps choque et trouble tout aussi bien l'âme. La prière est indispensable ; non seulement celle du malade, mais aussi celle de ceux qui l'aiment : saint Benoît sera un précieux auxiliateur et consolateur. Nulle incertitude : il répondra : « présent » ! On lui concède, de plus des talents de guérisseur. C'est-à-dire qu'il implora Dieu pour certains rétablissements et que Dieu les lui accorda.

Première prière

> Le riche et le pauvre se rencontrent ;
> C'est l'Éternel qui les a faits l'un et l'autre.
> *Proverbes*, 22, 2.

Cette ancienne prière est utilisée comme exorcisme. Cependant, il ne faut pas voir le diable partout ! Autant la dire pour être bien, sans forcément penser au malin.

Faites, Seigneur, que par l'intercession de saint Benoît, vous éloigniez de nous les maux dont nous souffrons ; le nom de votre bienheureux serviteur est béni éternellement, que ne peut-il pas en notre faveur ?

Qu'il détourne par ses prières tout ce qui pourrait nous éloigner de vous, ô mon Dieu, et que sa bénédiction nous obtienne tous les dons de votre providence.
Nous vous en prions par Notre Seigneur Jésus-Christ, Ainsi soit-il !

Saint Benoît préservez-nous contre tout ce qui peut nous nuire, éloignez de nous les maléfices, misères et malheurs imprévus.
Au nom du Père, du Fils et du Saint Esprit,
Ainsi soit-il !

Deuxième prière

> Approchez, nations, pour entendre !
> Peuples, soyez attentifs !
> Que la terre écoute, elle et ce qui la remplit,
> Le monde et tout ce qu'il produit !
> *Isaïe*, 34, 1.

Saint Benoît, prends pitié de mon corps en détresse. Use de ton influence pour apaiser mon âme. Ce qui me blesse ou tue ne peut guérir que par la foi. Et je t'implore ainsi par confiance envers toi.
Ma peine demande grâce. Ô Benoît, aide-moi !
Il faut que je supporte l'adversité sur terre.
La joie me reviendra si tu m'as en pitié. Alors je guérirai…
Benoît, les plaies de l'âme sont comme celles du corps. Il y a longtemps déjà tu as guéri un homme en proie aux affres odieuses d'un désir incongru.
Tu as su extirper le mal de son esprit.
Et tu sauras aussi bien l'enlever de mon corps…

Au nom du Père, du Fils et du Saint Esprit,
Ainsi soit-il !

Troisième prière

> C'est par la grâce que vous êtes sauvés, par le moyen de la foi.
> *Ephésiens*, 2, 8.

Nul n'est à l'abri d'un mal sournois.
Il faut savoir s'espérer en Dieu, même si le jour funeste arrive à grand pas !

Demain, plus tardivement, nous serons touchés, ou l'un des nôtres le sera.
Il importe de s'y apprêter avec repentir.
Et la haute patience que sème tout chrétien en son for intérieur, et dont il récolte les fruits d'espérance infinie !
Urgence de la foi !
N'écoutons pas l'optimisme du Mal.
Il peut nous arriver une maladie fatale.
Maintenons le cap d'une foi sans faille.
Avec humilité car Dieu le veut ainsi.
Insidieusement, la confiance s'étiole.
Tout est fugace ici-bas, mais la foi seule permet de vaincre le mal.
Résistons avec l'aide de saint Benoît.
En lui.

Amen.

Trois prières à saint Benoît pour la protection de nos proches

Tout ce qui ne résulte pas de la foi est péché.
Épître de Paul aux Romains, 14, 23.

L'affection que nous assurons à nos proches n'est pas libérée d'appréhension. Nous nous faisons du souci pour nos petits, nous nous préoccupons de la santé de nos ascendants et du bonheur du conjoint. Quelquefois, l'un de nos familiers nous effraie, nous révulse et nous bouleverse par son impiété ou par son incroyance. D'autres se laissent aller à une conduite vouée au péché. Étant donné tout cela, nous nous rendons compte que saint Benoît, lui qui eut le fardeau de directeur de conscience, de pasteur d'âmes est fort bien ajusté pour nous comprendre et pour nous aider.

Première prière

Seigneur autant que j'ai pu,
Autant que tu m'en as donné la force,
Je t'ai cherché,
Et j'ai voulu avoir l'intelligence
De ce que je crois
Et j'ai beaucoup discuté
Et j'ai peiné.
Saint Augustin, *De Trinitate* ; XV, conclusion,

Priez pour nous, Benoît, intercédez auprès du Père et que votre pureté rayonne sur ma famille et mes amis.
Priez pour nous, pauvres pécheurs, afin que la clarté divine veuille bien nous éclairer.
Priez pour nous, Benoît, et que nos cœurs deviennent le lieu privilégié de l'amour de Dieu.

Priez pour nous, Benoît et que la joie du croyant guide sans cesse nos pas.

Deuxième prière

> Protège mon âme contre le glaive,
> Ma vie contre le pouvoir des chiens !
> Sauve-moi de la gueule du lion,
> Délivre-moi des cornes du buffle.
> *Psaumes*, 22, 21-22.

C'est par l'amour de Dieu que nous serons sauvés.
Saint Benoît nous osons présenter à vos yeux
Nos cœurs de pauvres pécheurs assoiffés du Salut.

Mon Dieu, acceptez pour moi,
En votre infinie bonté, l'intercession
Résolue et bénévolente,
Du généreux, du vénérable,
Et du très saint Benoît !

Les travaux et les jours, tout en se succédant
Apportent leurs épreuves, leurs chagrins, leurs tourments.
C'est par l'amour de Dieu que nous serons sauvés.

Mon Dieu, acceptez pour moi,
En votre infinie bonté, l'intercession
Résolue et bénévolente,
Du généreux, du vénérable,
Et du très saint Benoît !

Saint Benoît nous osons présenter à vos yeux
Nos cœurs de pauvres pécheurs assoiffés du Salut.
Nous devons imprégner le moindre de nos gestes
D'une fidélité au Seigneur, notre Père.

Mon Dieu, acceptez pour moi,
En votre infinie bonté, l'intercession
Résolue et bénévolente,
Du généreux, du vénérable,
Et du très saint Benoît !

C'est par l'amour de Dieu que nous serons sauvés.
Saint Benoît nous osons présenter à vos yeux
Nos cœurs de pauvres pécheurs assoiffés du Salut.
Chacun aidera l'autre au chemin de la vie,
Et tous demeureront chrétiennement unis.

Mon Dieu, acceptez pour moi,
En votre infinie bonté, l'intercession
Résolue et bénévolente,
Du généreux, du vénérable,
Et du très saint Benoît !

C'est par l'amour de Dieu que nous serons sauvés.
Saint Benoît nous osons présenter à vos yeux
Nos cœurs de pauvres pécheurs assoiffés du Salut.
Quand l'appel du tombeau résonnera un jour,
Notre départ sera accompagné d'amour
C'est par l'amour de Dieu que nous serons sauvés.

Mon Dieu, acceptez pour moi,
En votre infinie bonté, l'intercession
Résolue et bénévolente,
Du généreux, du vénérable,
Et du très saint Benoît !

Saint Benoît nous osons présenter à vos yeux
Nos cœurs de pauvres pécheurs assoiffés du Salut.

Mon Dieu, acceptez pour moi,
En votre infinie bonté, l'intercession
Résolue et bénévolente,
Du généreux, du vénérable,
Et du très saint Benoît !

Troisième prière

> Si Dieu est pour nous, qui sera contre nous ?
> *Épître* de saint Paul aux Romains, 8, 31.

Benoît, vous qui dirigiez votre monastère en toute mansuétude,
Aidez-moi à bien vivre avec les miens.
Que l'harmonie règne au sein de mon foyer et que le mal s'éloigne.
Protégez-nous de la maladie autant que de la discorde.
Aidez-nous à maintenir notre foi dans les vicissitudes de l'existence.

Trois prières à saint Benoît pour se guérir de la concupiscence

Mon âme, bénit l'Éternel !
Éternel, mon Dieu, tu es infiniment grand !
Tu es revêtu d'éclat et de magnificence !
Psaumes, 104,1.

Première prière

Dieu bénit Noé et ses fils, et leur dit : soyez féconds, multipliez et remplissez la terre.
Genèse, 9,1.

La force de saint Benoît est souvent surprenante.

Par ta force, saint Benoît, évite-moi les tentations diverses. Il ne faut pas se leurrer, toutes ces affiches, journaux, télévision ne nous montrent quasiment que des chairs dénudées.

Ne me laisse pas sombrer dans la délectation morose ! Et délivre-moi des désirs incongrus !

Ainsi, vénérable saint Benoît, le monde prolifère en des spectacles honteux qui exacerbent la frénésie érotique, la concupiscence ! Un être aussi faible que moi n'y résiste qu'à grand-peine ! Car le tout m'incite à l'adultère, à la fornication.

Un pécheur comme je le suis est faible devant la tentation. La volonté de résister ne suffit guère !

Selon mon caractère, il conviendra que tu m'aides, vénérable saint Benoît, à choisir le chemin de ma rédemption personnelle.

Une telle désolation me prend et me submerge ! Car me voici, tout tremblant devant mes pulsions désordonnées ! Et ma honte m'oppresse autant qu'elle me harcèle !

Menez-moi à bon port, vénérable saint Benoît ! Aussi je sais qu'il ne faudra guère hésiter devant les grands moyens !

Bienheureux saint Benoît, je sais qu'avec ton aide, la victoire est au bout du chemin. Il faut que je le sache : mon péché est affreux !

Très aimable Benoît, aidez-moi, je vous prie ! Et je sais que votre aide me permettra de m'amender !

Deuxième prière

> Maintenant, craignez l'Éternel et servez-le avec intégrité et fidélité.
> *Josué*, 24,14.

Cette prière à deux voix peut être dite par un confesseur et son pénitent. Ou dans un groupe de personnes cherchant à se délivrer des désirs, tendances, pulsions, infects et malfaisants.

Demande : Pour éviter les pensées basses, Benoît, viens à mon secours. Il t'appartient de savoir lire en mon cœur éploré. Ne laisse pas mon âme se maculer de la boue infâme des désirs impurs.

Réponse : Et ramène-moi à la pureté de l'enfance.

Réponse : Il faut que tu nous aides, saint Benoît, car, dans l'embarras dans lequel je me trouve, je suis tout de même certain, néanmoins que tu sauras et que tu voudras nous venir en aide et que tu intercéderas auprès du Seigneur pour qu'il daigne nous exaucer.

Demande : Benoît, par ton exemple, je deviendrai plus fort. Il n'y a rien au monde que la foi ne surpasse. Ta protection sera ma sauvegarde. Et que le règne arrive du Seigneur tout-puissant.

Réponse : Saint Benoît, auxiliateur précieux, attentif aux âmes égarées, indulgent envers le pauvre pécheur, veille sur moi, mon repentir se montre sincère, ma foi se renforce et me commande de servir le Christ, comme tu l'as servi, en toute résolution et conviction !

Demande : Dieu a voulu que les hommes et les femmes fussent attirés l'un vers l'autre par le désir ardent !

Réponse : Cela est juste et bon !

Demande : Hélas, le péché de concupiscence, vénérable saint Benoît, subvertit trop souvent la juste volonté de s'unir, pour la plus grande gloire de Dieu ; et de ne faire qu'une seule chair, selon sa volonté !

Réponse : La concupiscence mène à l'incontinence, l'incontinence mène à l'adultère, l'adultère mène à la fornication…

Demande : Qui est odieuse aux yeux du Seigneur !

Réponse : Et la fornication mène à la délectation morose !

Demande : Saint Benoît, par la grande clarté de leurs œuvres comme par la qualité de leurs oraisons, Dieu a voulu que des hommes et des femmes fussent appelés à la sainteté. Et, parmi eux, vous tenez une place particulièrement importante en ce sens que vous êtes à la fois le nourricier et le protecteur de l'activité humaine, labour, labeur, travail et besogne.

Réponse : Il n'est pas de créature ici-bas qui n'ait à vous révérer pour ce que vous êtes d'un excellent recours. Aussi, recevez mon hommage, mon alliance, ma louange et le modeste don de mes œuvres imparfaites.

Demande : Je tourne mon cœur vers vous afin que vous intercédiez auprès du Seigneur pour solliciter son indulgence.

Réponse : Je sais qu'on ne vous invoque pas en vain et je suis confiant en votre immense sollicitude.

Demande : Vous fûtes le nourricier, le recours, la protection. Vous fûtes l'artisan scrupuleux, le bâtisseur. Aidez-moi à nourrir ma foi par la constante prière afin qu'elle croisse et se renforce.

Réponse : Aidez-moi à bâtir en mon âme l'image d'absolue grandeur du Royaume de Dieu et faites-moi persister dans l'inspiration de votre exemple.
Amen.

Demande : Que ma foi se réveille, ô Benoît qui protèges ! Une prière suffit pour éloigner le mal. Et c'est pourquoi je prie ardemment ta mémoire.

Réponse : Que ta lumière abreuve mon âme en perdition ! Une prière encore renforcera ma foi. En priant, je le sais, mes pensées deviendront plus dignes et plus sincères pour la gloire de Dieu.

Demande : Une fois délivré de mon embarras, de mes pensées odieuses et de mes ravissements maussades, je serai plus à même d'honorer Dieu avec un esprit plus libre en respectant assidûment sa très sainte Loi.

Réponse : N'est-il pas juste et bon de se consacrer à Son saint service ? Saint Benoît, il n'y a jamais eu de pécheur que tu n'aies secouru pourvu qu'il te priât sincèrement ; alors exauce-nous, admirable saint, toi qui vécus les pires tourments sans perdre confiance.

Demande : Que ta sagesse émeuve la raison si fragile d'un chrétien égaré ! Une prière encore, avec la foi qui sauve…

Réponse : Et la bassesse d'âme n'existera plus guère ! Ton aide, ô saint

Benoît, me sera nécessaire ! Ta bienveillance aussi, car je suis en détresse ! En te priant, je crois, me soumets et espère.

Demande : Il est juste et bon de t'honorer, grand saint Benoît, auxiliateur véritable, et de te louer car tu ne fus jamais dur envers celui qui te prie avec sincérité.

Réponse : Écoute mes prières !

Réponse : Je sais que ta réponse ne saurait tarder !

Demande : À chaque instant, je doute : l'attirance de la chair me trouble intensément.

Réponse : Ne m'abandonne pas, Benoît, savant parmi les savants, Juste parmi les justes, car même si j'ai maintes fois péché, je tourne vers toi mon cœur purifié par l'admiration émerveillée de tes nombreuses grâces.

Demande : À chaque instant j'ai peur de perdre ma pureté, ma foi, mon dévouement. Saint Benoît, comment faire pour éviter l'écueil d'une concupiscence qui me trouble à ce point ?

Réponse : Il faut se représenter d'abord les conséquences terrestres des dérives sexuelles.

Demande : Des maladies honteuses déciment aujourd'hui les populations de nombreux pays. Leur image effroyable sur le plan physique correspond aux dégâts épouvantables que ces attitudes, ces actes, ces paroles déterminent sur le plan moral : c'est la perdition de l'âme.

Réponse : Saint Benoît, délivre-moi de ces horreurs ! Empêche-moi de sombrer dans la complaisance sinistre de la lubricité hircine !

Demande : Saint Benoît, il n'y a de foi qu'en Dieu, de vérité qu'en Lui, de grandeur que dans sa Volonté !

Réponse : La grandeur de l'abstinence est maintenant plus proche de moi, depuis que je te prie, ineffable saint Benoît !

Demande : Il est temps de se livrer à la contemplation de cette très douce vertu.

Réponse : On s'efforcera, par l'esprit, de se représenter les bienfaits de l'attitude mentale et même psychologique qu'elle demande.

Demande : On remarquera que la force de cette grâce nous calme et nous rend bienveillant.

Réponse : Il est donc nécessaire de prier, de pratiquer encore pour nous parfaire dans cette aspiration.

Demande : C'est par la grâce de Dieu, bien aimé saint Benoît, que vous êtes maintenant mon protecteur et mon recours.

Réponse ! Aussi faut-il qu'elle soit accomplie, aujourd'hui comme hier, maintenant et toujours, sur la Terre comme au Ciel.

Demande : Merveilleux saint Benoît, écoute-moi, exauce-moi, prie pour moi et sois mon avocat auprès du Très Haut.

Réponse : Tu es notre espoir ! Regardes-nous ! Exauces nos prières, toi, le bâtisseur, le pur, l'aimé et le chéri du Seigneur !

Ainsi soit-il.

Troisième prière

L'Éternel dit : Il n'est pas bon que l'homme soit seul ; je lui ferai une aide semblable à lui.
Genèse, 2, 18.

La concupiscence saisit l'âme et le corps qui deviennent ses proies… Cette prière collective aidera grandement à s'en débarrasser, car la collaboration de plusieurs espérances porte en elle une puissance à nulle autre pareille.

A : Des intentions impures
Et des visions malsaines,
Obsèdent ma raison
Qui ne parvient guère à s'en défendre !
Saint Benoît, que faire ?

B : La foi est robustesse !
La foi est opiniâtreté !
La foi est accroissement !
Si Dieu me l'octroie,
Je serai sauvé !

A : Ma vie se passe entre excitation malsaine et tristesse infinie.

B : La foi est robustesse !
La foi est opiniâtreté !
La foi est accroissement !
Si Dieu me l'octroie,
Je serai sauvé !

C : Ne l'oublions pas, la tristesse est désagréable à Dieu !
Ne nous parons pas de la peine ou du chagrin, consécutifs à un événement douloureux, un deuil, un accident.

A : Ma tristesse m'effare !

B : La foi est robustesse !
La foi est opiniâtreté !
La foi est accroissement !
Si Dieu me l'octroie,
Je serai sauvé !

C : Prions saint Benoît !

A : J'ai peur de moi-même !

B : La foi est robustesse !
La foi est opiniâtreté !
La foi est accroissement !
Si Dieu me l'octroie,
Je serai sauvé !

C : Nous stigmatisons avec la plus grande détermination la tristesse d'esprit, l'attitude négative devant la vie, la façon désabusée avec laquelle les impies considèrent le monde.

A : Saint Benoît, suis-je digne de ta grande pitié ?

B : La foi est robustesse !
La foi est opiniâtreté !
La foi est accroissement !
Si Dieu me l'octroie,
Je serai sauvé !

C : Et, pour combattre toute tristesse, la chasteté est souveraine, puisqu'elle élève jusqu'à l'allégresse et à la puissante joie terrestre sous l'œil bienveillant de Notre Seigneur, de tous les anges et les saints.

A : C'est en pleine souffrance
Que je m'adresse à toi,
Vénérable saint Benoît
Ô Père admirable
Écoute ma prière !

B : La foi est robustesse !
La foi est opiniâtreté !
La foi est accroissement !
Si Dieu me l'octroie,
Je serai sauvé !

C : Cette chasteté fut d'abord l'attribut principal de saint Benoît, qui la mena jusqu'à l'abstinence pour la plus grande gloire de Dieu !

A : Ma vie est lourde et je me traîne avec au fond du cœur un désespoir immense !

B : La foi est robustesse !
La foi est opiniâtreté !
La foi est accroissement !
Si Dieu me l'octroie,
Je serai sauvé !

C : Prions le Seigneur et prions saint Benoît !

A : Je m'étiole, me dissous…

B : La foi est robustesse !
La foi est opiniâtreté !
La foi est accroissement !
Si Dieu me l'octroie,
Je serai sauvé !

C : Enfin l'âme se mue par la pratique intense de la chasteté, cette haute vertu ; des clartés inouïes illuminent soudain celui qui s'est voué à une telle exigence. Saint Benoît, le juste, a su acquérir la vertu par obéissance, humilité, soumission.

A : Qu'il soit béni parmi les hommes et qu'il inspire et protège mon désir de devenir chaste !

B : La foi est robustesse !
La foi est opiniâtreté !
La foi est accroissement !
Si Dieu me l'octroie,
Je serai sauvé !

C : Gloire à Dieu, car il fournit même les épreuves nécessaires à la Rédemption !

A : Ma honte m'envahit comme une marée saumâtre…

B : La foi est robustesse !
La foi est opiniâtreté !
La foi est accroissement !
Si Dieu me l'octroie,
Je serai sauvé !

C : Prions saint Benoît !

A : Mon âme est triste et je m'étiole,
Saint Benoît, aide moi !
Pour m'éviter les tentations odieuses,
Viens à mon secours.
Je ressens des appétits furieux
Faits d'ignominie définitive,
De bassesses ultimes,

D'intentions maladives,
D'agréments lascifs
De bassesses sensuelles,
De représentations malsaines,
De délectations vicieuses.
Pourtant mon âme désire la chasteté,
L'oubli des désirs inconvenants,
Je suis avide de continence
Mais elle demande aussi beaucoup de vigilance,
Aussi je t'implore saint Benoît,
J'ai besoin de toi !

B : La foi est robustesse !
La foi est opiniâtreté !
La foi est accroissement !
Si Dieu me l'octroie,
Je serai sauvé !

C : Gloire à Dieu !

A : Je ressens des appétits furieux
Faits d'ignominie définitive,
De bassesses ultimes,
D'intentions maladives,
D'agréments lascifs
De bassesses sensuelles,
De représentations malsaines,
De délectations vicieuses !

A : Pourtant mon âme désire la chasteté,
L'oubli des désirs inconvenants,
Je suis avide de continence
Mais elle demande aussi beaucoup de vigilance,
Aussi je t'implore saint Benoît,
J'ai besoin de toi !

B : La foi est robustesse !
La foi est opiniâtreté !
La foi est accroissement !
Si Dieu me l'octroie,
Je serai sauvé !

C : Le Seigneur vient en aide à ceux qui le prient sans malice !

A : Saint Benoît, aide-moi !

B : La foi est robustesse !
La foi est opiniâtreté !
La foi est accroissement !
Si Dieu me l'octroie,
Je serai sauvé !

C : Prions le Seigneur Dieu, celui qui a voulu que notre sort indigne fût un jour rédimé. Et qui a décidé que pour ce faire il faut l'effort de foi ardente et le désir d'aimer.
Joseph, le juste, vous avez su acquérir la vertu par obéissance, humilité, soumission. Soyez béni parmi les hommes et inspirez

A : Admirable saint Benoît,
Ne me laisse pas souffrir,
Plaide pour moi
Auprès du Seigneur
Afin que je guérisse !

B : La foi est robustesse !
La foi est opiniâtreté !
La foi est accroissement !
Si Dieu me l'octroie,
Je serai sauvé !

C : Prions, nous aussi pour que nous apprenions à résister à la concupiscence, qui est ruine de l'âme et à la luxure qui est nuisance du corps et rend indigne. Ces péchés nous font généralement sombrer dans l'aporie, sorte de stupeur inane, dans l'hébétude, la déréliction, la tristesse.

A : Vénérable saint Benoît,
Dieu est grand,
Et si tu intercédes
Auprès de lui
Pour moi,
Je guérirai !
Et ceci grandement
Par ton aide précieuse,
Indispensable et bénéfique,
Mais aussi
Par ma volonté fervente
De devenir plus pieux
Pour l'amour du Christ,
Notre adoré Sauveur
Dont les calamités
Ont largement
Dépassé les miennes !

B : La foi est robustesse !
La foi est opiniâtreté !
La foi est accroissement !
Si Dieu me l'octroie,
Je serai sauvé !

C : C'est dans l'esprit de chasteté que doit vivre le chrétien. Mais attention : la chasteté n'est pas l'abstinence ! L'abstinence complète serait une offense à Dieu qui a voulu que le couple croyant légitime s'assemble et se rencontre pour l'œuvre de chair. S'il a créé le désir, c'est afin de faire croître et multiplier les fidèles.

A : Mes lèvres prononcent des mots d'impiété résolue.
Je ne pense qu'à mal faire au lieu d'écouter Dieu.
Je réclame ton aide, ô grand saint Benoît :
Sois béni parmi les hommes
Et inspire mon intention de devenir chaste,
En pensée, en parole, en action !
Dirige-la, mène-la à bien, avec mes efforts !
Que mon âme, grâce à ton intercession,
Progresse et se tourne vers la pureté
Par la pratique intense de cette haute vertu de chasteté
Que je désire désespérément
Et que ma grande faiblesse n'atteint pas !

B : La foi est robustesse !
La foi est opiniâtreté !
La foi est accroissement !
Si Dieu me l'octroie,
Je serai sauvé !

C : La pureté de chair agrémente le corps de bénédictions à nulles autres pareilles, mais elle demande aussi beaucoup de vigilance, aussi demandons-nous de l'aide à saint Joseph :
Joseph, le juste, vous avez su acquérir la vertu par obéissance, humilité, soumission. Soyez béni parmi les hommes et inspirez mon désir de devenir chaste !

A : Mes yeux cherchent encore
Quelque vision obscène.
Mes mains se referment
Sans se joindre pour prier.
Aide-moi, saint Benoît,
À redevenir pur,
Pour la gloire de Dieu !

B : La foi est robustesse !
La foi est opiniâtreté !
La foi est accroissement !
Si Dieu me l'octroie,
Je serai sauvé !

C : La pureté d'esprit nous éclaire à dessein : elle fournit le but autant que le moyen, elle sait réconforter même si l'effort nous pèse au début de notre vœu par bonne intention.
Joseph, le juste, vous avez su acquérir la vertu par obéissance, humilité, soumission. Soyez béni parmi les hommes et inspirez mon désir de devenir chaste !

Tous : La foi est robustesse !
La foi est opiniâtreté !
La foi est accroissement !
Si Dieu me l'octroie,
Je serai sauvé !
Au nom du Père, du fils et du Saint Esprit,
Amen.

Trois prières à saint Benoît pour la purification du cœur

Tout cela arriva afin que s'accomplît ce que le Seigneur avait annoncé par le prophète ; Voici, la vierge sera enceinte elle enfantera un fils, on lui donnera le nom d'Emmanuel, ce qui signifie Dieu avec nous.
Évangile selon saint Matthieu, 1, 22.

L'amour de Dieu rayonne sur nous. Hélas, nous n'y prenons pas garde. Certains même, l'ignorent complètement. Prendre conscience de ce sentiment divin est on ne peut plus nécessaire. Mais comment faire ?

C'est d'autant plus difficile du fait que nous avançons en âge en imaginant souvent que tout allait mieux jadis ou naguère. On se remémore avec complaisance l'émerveillement de l'enfance découvrant la Vraie Foi. On croit avoir perdu cette disposition d'esprit. Comment pourrions-nous retrouver cette splendeur ? Ou plutôt, comment vivre cette splendeur, toujours identique à elle-même, dans son renouvellement ? L'aide de saint Benoît nous permettra d'y parvenir.

Première prière

Maudit soit quiconque te maudira
Et béni quiconque te bénira.
Genèse, 27, 27-29.

Quelle âme est sans défaut ? Quel cœur demeure pur à tout moment ? Qui saurait éviter la mauvaise pensée à tout moment ? Qui n'a pas connu l'envie, la concupiscence, l'avarice ? Qui n'a jamais médit d'autrui ? Etc.

Saint Benoît, votre cœur rayonnant ne connut ni l'envie ni la superbe… aidez-moi à suivre votre exemple. Je souffre de mes défauts, je ne puis me contraindre à les faire cesser. Mon repentir a un goût de

cendre et d'indignité. Mais c'est plus fort que moi, je pèche par impureté.
Mes mains suivent leur cours en péchés redondants. Mes lèvres sont à vau l'eau, pleines de mots menaçants, mon cœur se voit durcir et devenir hostile…
C'est plus fort que moi.
Et l'on continuera par trois actions de grâce suivies de trois Je crois en Dieu.

Deuxième prière

> Si nos iniquités témoignent contre nous,
> Agis à cause de ton nom, ô Éternel.
> *Jérémie*, 14,7.

En cas de doute et de détresse, il convient de se tourner vers saint Benoît, grand connaisseur de la faiblesse humaine, lui qui châtia les sœurs médisantes, corrigea le moine concupiscent, rabattit l'orgueil des puissants impies, etc.

Enfer, éloigne-toi !
Ne laissons pas nos cœurs à vau-l'eau, car le Malin m'a saisi, il distille son venin, dans mon cœur éperdu
Commençons la lutte, et résistons-lui !

Unique est le Seigneur, vénérable saint Benoît, obtenez pour moi sa protection !
Lassé du vice, je prie !
Et le Diable recule !

Tout est difficile à celui qui n'a pas assez de foi !
Ainsi, je doute !

Mes mains se joignent et prient.
Et je sais que Vous me viendrez en aide, saint Benoît !

Regardez-moi, je prie !
Et je demande à Dieu, par votre intercession, une aide à ma détresse !

Troisième prière

> Ainsi, mes frères bien-aimés, soyez fermes, inébranlables, travaillant de mieux en mieux à l'œuvre du Seigneur, sachant que votre travail ne sera pas vain dans le Seigneur.
> *Première épître* de saint Paul aux Corinthiens, 15, 58.

Il serait bon, avant cette prière de penser fermement au salut de l'âme. Il suffira donc de se remémorer attentivement les épisodes de la vie de saint Benoît, et d'en tirer l'enseignement profond. Attention : lorsqu'on croit avoir saisi tout l'esprit d'un épisode de cette vie exemplaire, il arrive souvent qu'un autre sens sous-jacent vienne compléter ce que nous avons cru percevoir dans son intégralité.

Par la Grâce de Dieu et votre intercession, saint Benoît le savant, grand connaisseur des âmes, je pense parvenir à mener une vie plus honnête et plus chaste. J'espère qu'en m'efforçant sous votre gouvernement, mes intentions, mes actions et mes paroles deviendront plus honnêtes et dignes d'un vrai chrétien. C'est ce que je veux être.

Par la Grâce de Dieu et votre intercession, saint Benoît, obtenez du Saint-Esprit qu'il répande Sa lumière sur mon âme égarée. Qu'il conduise mon esprit sur les sentiers ardus du mérite. Qu'il inspire mes mœurs, règle mes actes, inspire mes paroles afin que ma conduite devienne celle d'un vrai chrétien. C'est ce que je veux être.
Par la Grâce de Dieu et votre intercession, saint Benoît, demandez à Jésus qu'il m'octroie les vertus qui me manquent. Et qu'il chasse mes vices dans Sa toute puissance. Qu'il me fasse retrouver la foi d'un vrai chrétien. C'est ce que je veux être.

Par la Grâce de Dieu et votre intercession, saint Benoît, écoutez mon imploration, daignez descendre vers moi, pour me protéger, me servir de conseil et venir à mon aide. Ainsi pourrai-je m'élever à la dignité sainte d'un vrai chrétien. C'est ce que je veux être.

Trois prières à saint Benoît lorsqu'on se trouve en deuil ou à l'approche de la mort

> Ta parole est une lampe à mes pieds,
> Et une lumière sur mon sentier
> *Psaumes,* 119: 105

Dans cette circonstance pénible, seule la foi peut nous aider. La foi, en effet, permet de ne pas désespérer lors d'un deuil : la mort n'est, après tout, que le chemin voulu par Dieu vers un autre monde. Celui de la justice.

Aussi récitera t-on le : « Je crois en Dieu ». On le récitera en soi-même, afin de l'entendre comme une « voix intérieure » résonnant au cœur du silence de la mort. Sans oublier que cette dernière n'est qu'un passage…

« La mort saisit le vif » et constitue notre destin. Il convient de l'accepter comme une nécessité divine dont nous ignorons la raison comme la cause.

Première prière

> Le salaire du péché, c'est la mort, mais le don gratuit de Dieu, c'est la vie éternelle en Jésus-Christ, notre Seigneur.
> *Première* Épître de saint Paul aux *Romains*, 6 : 23.

Saint Benoît, ma peine est profonde…
Au cœur même du malheur, j'implore ton aide. La vie m'apporte un tourment pénible.
Écoute ma prière !

Mais je n'ignore pas que la foi est puissance, qu'elle est énergie, qu'elle est grandeur ! Si Dieu nous la donne, nous serons tous sauvés !
Écoute ma prière !

Ô Benoît, toi qui supportas la jalousie, viens à mon secours. Par ton intercession ma peine s'atténuera. Et je saurais la donner au Seigneur pour Sa plus haute gloire.
Écoute ma prière !

Pour l'amour du Christ, notre bien-aimé sauveur dont les souffrances ont largement dépassé les miennes, la foi me sauvera, très grand saint Benoît. Mais il faut m'aider, la renforcer en moi !
Écoute ma prière !

En ce jour de deuil, je veux que se renforce mon espoir en Dieu seul, unique en trois personnes, Créateur du Ciel et de la Terre !
Écoute ma prière !

C'est une âme pure Vénérable saint Benoît, qui s'adresse à ta bienveillance, À ta grande puissance, toi, le vénérable, le bâtisseur d'un lieu de recouvrance et de rémission.
Écoute ma prière !

Saint Benoît, frère des hommes et patron de l'Europe, tu es mon espérance et tu es mon recours !
Écoute ma prière !
Ainsi soit-il.

Deuxième prière

> Nous avons péché comme nos pères
> Nous avons commis l'iniquité, nous avons fait le mal.
> *Psaumes*, 106, 6.

Il s'agit de la prière de l'agonisant. On peut la dire pour soi-même, dans la frayeur des derniers moments : elle apaisera. Mais on doit aussi la dire pour ceux qui abordent le grand passage. Ceux que Dieu rappelle à lui. C'est charité chrétienne et c'est compassion!

Ô saint Benoît, vous en qui se trouve la paix, la sérénité, la sollicitude, veuillez prier pour moi, je suis votre serviteur et je souffre abominablement du poids de mes péchés !

Ô saint Benoît,

Arrachez-moi au doute et à l'angoisse, raffermissez ma foi en ce moment terrible !

Ô saint Benoît,

Faites que je puisse, malgré ma peur, encore magnifier le saint nom du Seigneur qui règne sur la terre comme aux cieux pour les siècles des siècles, depuis avant la naissance du temps et qui régnera encore quand le temps ne sera plus !

Ô saint Benoît,

Et que sera mon sort, si vous ne faite pas usage de votre puissance et de la faveur dont vous jouissez auprès de Jésus-Christ, l'agneau de Dieu qui porte les péchés du monde et qui mourut d'une façon atroce, sur la croix de honte pour le salut des humains ?

Ô saint Benoît,

Oui, qu'adviendra t-il de mon âme chétive si vous ne la prenez pas en considération ?
Le Seigneur a placé en vous les plus précieuses grâces afin qu'elles rayonnent, par votre sainte intercession, sur tous les hommes ! Par pitié, répandez-les sur moi, pauvre pécheur devant l'Éternel. Car, aujourd'hui, elles me sont hautement nécessaires.

Ô saint Benoît,

Gloire de la sainte Parole du Christ, me voici au dernier moment de ma vie ! Je vous implore maintenant avec plus d'insistance que jamais car tout est consommé ou sur le point de l'être ! J'ai besoin de votre secours, de votre auxiliation, de votre intercession !

Ô saint Benoît,

La Cour de Justice devant laquelle je vais comparaître va siéger sous peu ! Je dois y rendre compte de ma vie ! Soyez mon avocat, vénérable saint Benoît, parlez pour moi au Père, au Fils, au Saint Esprit, Dieu unique en trois personnes, et aussi à la très sainte Marie, vierge et mère à la fois, trois fois bénie sous le signe de la sainte Trinité

Ô saint Benoît,

Aidez-moi, et vous m'obtiendrez un jugement favorable. Soyez mon avocat, défendez-moi, guidez-moi au sein des tempêtes et des promesses de naufrages qui pointent à l'horizon de mon dernier voyage. Amenez-moi au havre de grâce !

Ô saint Benoît,

Éloignez la confusion qui submerge mon âme, apaisez mon trouble, car je sais que j'ai péché, et mon inquiétude va grandissant. Mon inquiétude s'alourdit quand je pense à mes fautes !

Ô saint Benoît,

Pourquoi fus-je indigne, pourquoi n'ai-je pas en tous temps et lieux de mon existence passée observé rigoureusement la sainte loi du Seigneur ? Demandez pour moi une foi impeccable, une force de caractère et de conviction qui puisse me mériter le Salut éternel.

Ô saint Benoît,

Je vous remercie de toutes les bontés que vous avez prodiguées à mon égard, alors même que je m'en montrais si peu digne ! Me refuserez-vous votre aide aujourd'hui, alors que ma confiance et mon espérance en vous augmentent autant que mon besoin d'être assisté par votre impeccable vertu ?

Ô saint Benoît,

Je vais mourir avec soumission, puisque c'est le dessein du Seigneur. Mais, malgré l'angoisse normale que m'apporte l'idée de la mort, je voudrais mourir avec plaisir et dans la grande joie du Christ, car je contemplerai bientôt les grâces, la grandeur incommensurable et les perfections de Dieu. Et je le verrai sur le trône de gloire !

Ô saint Benoît,

Gloire de la sainte Parole du Christ, me voici au dernier moment de ma vie ! Je vous implore maintenant avec plus d'insistance que jamais car tout est consommé ou sur le point de l'être ! J'ai besoin de votre secours, de votre auxiliation, de votre intercession !

Ô saint Benoît,

Je meurs, mon agonie va survenir, bientôt, je ne pourrai plus dire ma peur ni vous supplier, vénérable saint Benoît, de me venir en aide. Mais mon âme continuera de s'adresser à vous !

Ô saint Benoît,

Hélas, je fus un pécheur entêté, je ne sais si j'aurai le bonheur de fléchir la justice divine ! Ayez pitié de moi, et priez pour moi, intercédez pour moi auprès du Père, du Fils et du Saint Esprit.

Ô saint Benoît,

Intercédez auprès de la très sainte Marie, vierge et mère à la fois, elle priera aussi, je le sais car il est dit par l'Église qu'on doit invoquer en tout temps, mais surtout à « à l'heure de notre mort ». Sauvez-moi ! Au nom du Père, du fils et du Saint Esprit,

Ainsi soit-il.

Troisième prière (à trois voix)

Que mon âme meure de la mort des justes, pour qu'aucune injustice ne me prenne au piège, aucune iniquité ne la séduise. Bonne mort qui n'ôte pas la vie mais la transfigure, bonne mort qui ne détruit pas le corps mais soulage l'âme.
Saint Bernard de Clairvaux, Sermon sur le Cantique des Cantiques, 52,3.

Prier en groupe nous ramène aux premiers temps de la tradition chrétienne. La prière qui suit aura pour effet d'honorer la personne disparue tout en rassemblant chaleureusement autour d'elle ceux qui l'aimèrent. Ce qui resserrera, de surcroît, la cohésion du groupe et pourra rasséréner chacun de ses membres.

Animateur :
Saint Benoît, il nous faut accepter
La volonté de Dieu,
Cependant, sachez-le,
Ma soumission ne sera point passive.
Ne voit-on pas
Que Jésus, lui-même,
En se soumettant aux arrêts du Père,
En acceptant la mort
Par un supplice odieux,
Fit bien plus que l'accepter.
Il la prit avec lui, en son âme,
Même il l'incorpora.

Groupe A :
C'est à l'heure de notre mort
Que votre aide,
Ô saint Benoît
Nous sera précieuse.

Groupe B :
Ou au moment terrible
Du décès d'un être cher.

Animateur :
Jésus, lui-même
Ressentit intimement
L'angoisse du trépas
Au jardin des oliviers.

Groupe A :
Jésus en solitude !
N'est-ce pas le signe
De sa nature
Profondément humaine
Telle que Dieu l'a voulue ?

Groupe B :
Dieu s'est fait chair,
Pour nous sauver !
Alléluia !

Animateur :
Comme il serait facile
De se laisser aller au désespoir,
Bienheureux saint Benoît !
On voit partout des gens qui se résignent.

Groupe A :
et n'espèrent plus rien !
Dieu, dans sa sainte grâce,
Les exaucera-t-il ?

Groupe B :
Ce sont des hommes de peu de foi !

Animateur :
Et Dieu ne les aidera qu'à condition qu'ils acceptent,
en leur for intérieur de reprendre espoir !

Groupe A :
Car Dieu n'aime pas les tièdes, les timorés, les incrédules,
les cyniques et les désabusés !

Groupe B :
Car il est espérance !

Animateur :
Espoir et recouvrance !

Groupe A :
Il est la Rédemption !

Groupe B :
Il est le Pain de Vie !

Animateur :
Jésus est notre Roi !

Groupe A :
Que le Seigneur oignit !

Animateur :
Il est l'agneau de Dieu !

Groupe A :
Qui porte les péchés du monde !

Animateur :
Vénérable saint Benoît,
Soyez ma défense auprès du Dieu Unique
Et considérez que je déclare vouloir être juste
Pour ne plus jamais oublier la grandeur de Dieu,
Et pour le servir d'une façon régulière et sincère !

Groupe A :
Soyez ma défense, saint Benoît !
Marquez-moi de votre sceau
Et montrez combien vous êtes généreux.
Soyez mon avocat !
Plaidez pour moi auprès du Seigneur !

Groupe B :
Priez pour moi, saint Benoît, et donnez-moi la joie de vivre en bon chrétien !

Animateur :
Au nom de la grandeur du Christ,
Je vous prie et conjure,
Bienveillant saint Benoît
De venir en aide
À nos misérables êtres !

Groupe A :
Aujourd'hui et durant le temps de ma souffrance,
Regardez-moi, mon âme est taraudée par la peine,

Par le deuil,
Et je souffre !

Groupe B :
Ne laissez pas le démon m'emmener
Vers un séjour de ténèbres et de douleurs !

Animateur :
Non, saint Benoît, je ne laisserai pas l'adversité me vaincre !
Je lutterai pour surmonter les épreuves
Que Dieu a bien voulu,
En sa très sainte grâce,
Que je supporte sur cette terre !

Groupe A :
Je me montrerai digne de Sa divine Bonté,
En refusant de me laisser aller,
En décidant d'affronter les plus dures circonstances !

Animateur :
En me mettant sous votre protection,
Vénérable saint Benoît, Frère des hommes,
En menant une existence plus conforme
À la loi du Seigneur !

Groupe A :
En priant fidèlement
D'un cœur pur et sincère !
Et je suis sûr que vous m'aiderez !

Groupe B :
Saint Benoît,
La prière est mon recours,
Je sais qu'elle me renforcera et qu'elle vous sera agréable.

Animateur :
Gloire à saint Benoît, le Père de l'Occident !

Groupe A :
Gloire à Dieu, Unique en trois personnes !

Groupe B :
Vénérable saint Benoît,
Acceptez donc que je vous implore de me donner
votre sainte intercession !
Acceptez donc que je vous prie en admirant humblement les œuvres
impérissables que vous avez accomplies sur la terre.
Je suis le serviteur du Seigneur et je sais que si je l'invoque
d'un cœur serein, sous votre protection, je serai exaucé !

Animateur :
Tournons-nous vers toi,
Vénérable saint Benoît,
En tout abandon.
N'oublions pas
Que l'Amour est plus fort que la mort.
Qu'un signe de croix
Éloigne l'impureté
Et que seule la foi sauve !

Groupe A :
Gloire à toi, saint Benoît !
Car tout l'espoir du monde
Réside en ta bonté,
Par la force de ton auxiliation
Les pécheurs les plus âpres
Connaîtront le Salut.

Groupe B :

Regarde-moi, saint Benoît,
Je sais que tu comprends
Et l'angoisse et le doute
Qui m'ont enténébré.

Animateur :

La sensation d'amour
Nous prépare sans arrêt
À cette élévation
Qui réjouit le Seigneur !
En vérité, l'amour,
Vénérable saint Benoît,
Nous instaure en miroir
De ce que nous aimons !

Groupe A :

C'est un regard aimé qui s'installe en nos yeux
Et qui nous fait comprendre la grandeur si sublime,
D'aimer sous le regard divin.
Cela est juste et bon ; adorons le Seigneur !

Groupe B :

Car Dieu est grand, Il nous aime, Il aime notre amour !
Il aime que nous aimions et, alors, répand sur nous Sa sainte Grâce !

Animateur :

L'amour nous ennoblit et son adoubement
Donne à notre esprit la force d'âme qui vibre
À l'unisson de l'autre.

Groupe A :

Cela est juste et bon.
La liberté intense que l'amour nous propose,

Vénérable saint Paul et que vous célébrâtes,
Est toute pureté, élévation de l'âme,
Protégez-moi, de grâce de ne pas en connaître
L'infinie grandeur pour la gloire de Dieu !

Groupe B :
Que l'amour demeure
Par la grâce du Père, du Fils et du Saint Esprit !

Animateur :
Voici les paroles mêmes du Christ en solitude :

Mon âme est triste à en mourir,
Demeurez ici et veillez avec moi.

Telles que nous les rapporte le très saint Évangile
selon saint Matthieu[34],
Ce sont ses propres paroles !

Groupe A :
Dieu s'est fait chair,
Pour nous sauver !
Alléluia !

Groupe B :
Souvenons-nous de la croix.
Prenons fermement
Mémoire
De la souffrance du Christ,

[34] XXVI, 36.

Animateur :
Promesse de Vie éternelle,
Esprit de Pâques !

Groupe A :
Dieu s'est fait chair,
Pour nous sauver !
Alléluia !

Groupe B :
Ô saint Benoît, le bâtisseur,
Patriarche de l'Europe,
Serviteur assidu de notre Dieu parfait,

Animateur :
Vous possédez vraiment la plénitude de la Pureté et du savoir,
Mais toute science s'effondre devant la mort qui rôde !

Groupe A :
Saint Benoît, frère des hommes
Et grand espoir des désespérés
Et notre avocat auprès du Seigneur.

Groupe B :
Saint Benoît,
Homme de grâce,
Très excellente,
Très glorieuse
Et bien au-dessus des autres créatures.

Animateur :
Vénérable saint Benoît,
Espoir certain
De ceux qui vont mourir,

Priez pour eux à l'heure ultime !
En l'honneur
Des Prophètes,
Pour la louange des Apôtres,
Pour la gloire des Martyrs.

Groupe A :
Par la lumière d'Abraham,
D'Isaac et de Jacob ;
Par la splendeur sublime
Qui a ravi les yeux
D'Aaron et de Moïse,
Par l'image merveilleuse
De la toison de Gédéon,
Saint Benoît,
Aidez-nous à l'heure ultime !

Groupe B :
Dieu s'est fait chair,
Pour nous sauver !
Alléluia !

Animateur :
C'est en chacun de nous
Que doit se jouer
Le drame absolu
De la condition humaine
Que Dieu a choisi
Pour le Fils,
Né d'une femme,
Toujours Vierge,
Mais de chair et de sang.
Et c'est en pleine chair,
En répandant son sang

Que Jésus s'est donné,
Supportant le supplice
En pleine Connaissance...
En soumission active !

Groupe A :
Soumission active ?
Voilà qui peut surprendre !
On oublie que chaque souffrance
Peut se muer don de soi !

Groupe B :
Que toute angoisse
Peut devenir votive,
Que toute douleur peut être consacrée,

Animateur :
Dieu s'est fait chair,
Pour nous sauver !
Alléluia !

Groupe A :
Que notre peur de la mort,
Elle-même sera grâce
Si nous savons l'offrir.

Groupe B :
Offrons-la à saint Benoît
Qui sait ce qu'il en est,
Qui a prévu le jour et l'heure
De sa propre mort,
Par la grâce de Dieu !

Animateur :
Ô Benoît, voici dans mon cœur une douleur suprême.
Regardez : mon âme vit une nuit de ténèbres puissantes
Où bruissent l'horreur et l'horripilation
J'ai peur, saint Benoît !

Groupe A :
En pleine connaissance ?
Souvenons-nous encore,
Qu'est-il dit dans les Écritures ?
La conscience de Jésus,
De Jésus Lui-même
A faibli sous la douleur,
Dans l'angoisse :
Il fut homme.

Groupe B : :
Il fut homme et douta.

Animateur :
Dieu s'est fait chair,
Pour nous sauver !
Alléluia !

Groupe A :
Mes larmes sont arrachées à toute résistance.
Me voici penaud, désespéré, dans la solitude sinistre…
De la mort qui s'annonce et s'en vient pas à pas.
J'ai peur, Sainte Marie, lys pur, fontaine close…

Groupe B :
Ô saint Benoît
Me voici,
Offrant à ma mesure, ma souffrance à vos pieds, en toute humilité,

Et je sens qu'il approche le jour ultime, fatal,
J'ai peur, saint Benoît.

Animateur :
Dieu s'est fait chair,
Pour nous sauver !
Alléluia !

Groupe A :
Gloire à Dieu au plus haut des cieux !

Groupe B :
Je vois que votre cœur agréera mon oraison :
Les ténèbres pâlissent grâce à votre puissance,
J'espère, ô saint Benoît, et déjà je sens que
J'ai moins peur, car j'espère en votre intercession.

Animateur :
Vénérable saint Benoît,
Donne-moi la joie de ne plus assombrir mon entendement !
La douleur et le tracas, en m'obsédant, m'empêchent de prier,
D'accomplir mes devoirs de chrétien
Et de penser à Dieu autant que je le devrais !

Groupe A :
La foi est puissance !
La foi est énergie !
La foi est grandeur !
Si Dieu nous la donne,
Nous serons tous sauvés !

Groupe B :
C'est en pleine souffrance que je m'adresse à toi,
vénérable saint Christophe

Ô fondateur d'un lieu de recouvrance et de rémission,
Écoute ma prière !

Animateur :
Ne me laisse pas souffrir, plaide pour moi auprès du Seigneur
afin que le Paradis accueille celui qui l'a mérité
aux yeux de Dieu seul !
Dieu est grand,

Groupe A :
Unique en trois personnes !

Groupe B :
Et si tu intercèdes auprès de lui pour moi, son indulgence
Deviendra toute active !

Animateur :
Et ceci grandement par ton aide !

Groupe A :
Nos œuvres sont si modestes,
Et nos voies ténébreuses !

Groupe B :
En priant un défunt, nous prions pour nous-mêmes,
Et nous serons sauvés si la grâce de Dieu,
Veut accueillir nos âmes, si elles se purifient…

Animateur :
Par la prière constante,

Groupe A :
Sincère,

Groupe B :
Venant d'un cœur très pur !

Animateur :
Mais aussi par la volonté fervente de devenir plus pieux !

Groupe A :
Par le désir fervent de mieux adorer Dieu !

Groupe B :
Par notre soumission activement souhaitée !

Animateur :
Ô saint Benoît !
Dans mon cœur apparaît
Une douceur extrême !
Regardez : mon âme
Vit déjà au soleil de la grâce !
Votre amour est immense,
Et par votre compassion,
Saint Benoît, Père de l'Europe,
Et frère de tous les hommes !
Souvenons-nous !

Groupe A :
Gloire à Dieu au plus haut des cieux !

Groupe B :
Dieu s'est fait chair, pour nous sauver !
Alléluia !

Animateur :
La conscience de la mort
Nous terrifie !

Groupe B :
Beaucoup refusent même d'y penser.
Pourtant, elle est en nous,
En chacune de nos cellules.
Il ne sert à rien de vouloir l'ignorer.
Tapi au fond de nous,
La mort veille…

Animateur :
Prions le Seigneur !

Groupe A :
Dieu s'est fait chair, pour nous sauver !
Alléluia !

Groupe B :
Gloire à Dieu au plus haut des cieux !

Animateur :
Sursum corda !

Groupe A :
La Mort est parmi nous !
Son caractère inéluctable
Nous désolons alors même
Que nous croyons ne pas y penser.
Nous refusons d'en avoir peur,
Alors qu'elle terrifie
La plupart d'entre nous.
Et si nous allions vers Dieu
En nous soumettant
À ses arrêts
D'une façon plus active ?

Groupe B :
Jésus, lui-même eut peur de la mort !
Et ce fut dans la langue profonde,
Celle de son enfance, en araméen.
Qu'il exprima son angoisse !

Animateur :
Voici les Paroles mêmes du Christ en croix
D'après le très saint Évangile selon saint Matthieu[35] :
« Pourquoi m'as-tu abandonné
Loin de mes appels et de mes cris ? »...

Groupe A :
Dieu s'est fait chair,
Pour nous sauver !
Alléluia !

Groupe B :
Gloire à Dieu au plus haut des cieux !

Animateur :
Saint, saint, saint ! Trois fois Saint !
Chantons tous la gloire de Dieu !

Groupe A :
Souvenons-nous de Jésus,
Implorant
En sa langue maternelle,
Celle de sainte Marie,
Vierge et mère à la fois !

[35] XXVI, 46.

Groupe B :
Et non en latin
Ou en hébreux !
Oui, Jésus parla
En araméen,
La langue de la tendresse
Et de l'enfance,
Celle que lui a transmise
La très Sainte Mère,
Marie, Vierge souveraine.

Animateur :
Avec saint Benoît,
Prions la Sainte Vierge,
Pour le Salut des Morts !

Groupe A :
Dieu s'est fait chair,
Pour nous sauver !
Alléluia !

Groupe B :
Gloire à Dieu au plus haut des cieux !

Animateur :
Paix sur la Terre

Groupe A :
Aux hommes de bonne volonté !

Groupe B :
Et voici que nous nous réfugions aujourd'hui
Sous votre protection,
Ô sainte mère de notre Dieu.

Vous nous cachez
Sous les ailes de votre Amour
Et de votre Miséricorde ;
Daignez nous y laisser
Et soyez-y notre gardienne…
Vous qui êtes le Miracle vivant, le souverain Miracle
de tout le monde créé ; vous qui êtes un Paradis de délices,
je vous salue encore une fois.

Animateur :

Et je salue en vous Celui qui vous a élevée, le Donateur éternel de la vie, le Christ très miséricordieux, le Créateur de tous les êtres ; Celui qui a formé et qui gouverne éternellement tout l'univers ; Celui qui est par excellence l'Ami et,
Si je pouvais ainsi parler,
l'Aimeur de tout le genre humain.

Groupe A :

En vérité,
C'est à lui
Qu'appartiennent l'honneur, la louange et la jubilation,
Avec le Père et l'Esprit, dans tous les siècles des siècles.

Groupe B :

Avec vous, saint Benoît,
Nous avons prié la Vierge,
Veuillez intercéder auprès d'elle,
Qui est bénie entre toutes les femmes,
Elle,
Vierge et Mère à la fois !
Elle,
Trois fois sainte sous le signe de la
Trinité !
Oui, Nous avons prié la Vierge

Pour que notre joie demeure,
En esprit ascendant,
En intention juste,
En volonté fervente,
En vérité de l'âme,
Pour nous diriger
Vers la grande allégresse
Du Sauveur !

Tous :
Dieu s'est fait chair,
Pour nous sauver !
Alléluia !
Gloire à Dieu au plus haut des cieux !
Paix sur la Terre
Aux hommes de bonne volonté !
Ainsi soit-il
Au nom de Dieu,
Le Père,
Ainsi soit-il
Au nom de Dieu,
Le Fils,
Ainsi soit-il
Au nom de Dieu,
Le Saint Esprit,
Unique en trois personnes,
Par les siècles des siècles !

Amen.

Trois prières à saint Benoît pour qui veut étudier, savoir, connaître, comprendre et aimer, en Dieu

Un homme peut-il être utile à Dieu ?
Non ; le sage n'est utile qu'à lui-même.

Si tu es juste, est-ce à l'avantage du Tout-Puissant ?
Si tu es intègre dans tes voies, qu'y gagne t-il ?

Est-ce par crainte de toi qu'il te châtie,

Qu'il entre en jugement avec toi ?
Le Livre de Job, 22, 2-4.

Première prière

Heureux vous qui êtes pauvres, car le royaume de Dieu est à vous !
Évangile selon saint Luc, VI, 20.

Saint Benoît qui fûtes à la recherche du savoir, donnez-moi la vérité du cœur.
Saint Benoît qui fûtes à la recherche du labeur, donnez-moi l'intelligence du monde.
Saint Benoît qui alliez vers les autres, donnez-moi la fortitude.
Saint Benoît qui étiez dur à la besogne, donnez-moi la constance, la persévérance en éloignant de moi la paresse comme l'excès de zèle.

Saint Benoît, patron des écoliers,
Et, plus généralement, de tous ceux qui ont besoin de savoir,
De tous ceux qui se trouvent en apprentissage ou recherchent la Connaissance.
Saint Benoît qui fûtes à la recherche du savoir, donnez-moi la vérité du cœur.

Saint Benoît qui fûtes à la recherche du labeur, donnez-moi l'intelligence du monde.
Saint Benoît qui alliez vers les autres, donnez-moi la fortitude.
Saint Benoît qui étiez dur à la besogne, donnez-moi la constance, la persévérance en éloignant de moi la paresse comme l'excès de zèle.

C'est avec l'humilité de l'élève,
Du disciple, que nous devons
Vous implorer,
Saint Benoît de Nurcie, notre recours !
Particulièrement lorsqu'il s'agit
De réussir aux épreuves d'un examen
Ou d'être embauché après un entretien ou un concours.

Saint Benoît qui fûtes à la recherche du savoir, donnez-moi la vérité du cœur.
Saint Benoît qui fûtes à la recherche du labeur, donnez-moi l'intelligence du monde.
Saint Benoît qui alliez vers les autres, donnez-moi la fortitude.
Saint Benoît qui étiez dur à la besogne, donnez-moi la constance, la persévérance en éloignant de moi la paresse comme l'excès de zèle.

Vous êtes bienveillant envers celui qui désire progresser,
Et sévère avec celui dont l'âme stagne
Et dont l'esprit ne s'emplit
Ni de sagesse ni de savoir…

Saint Benoît qui fûtes à la recherche du savoir, donnez-moi la vérité du cœur.
Saint Benoît qui fûtes à la recherche du labeur, donnez-moi l'intelligence du monde.
Saint Benoît qui alliez vers les autres, donnez-moi la fortitude.
Saint Benoît qui étiez dur à la besogne, donnez-moi la constance, la persévérance en éloignant de moi la paresse comme l'excès de zèle.

Nous savons combien notre tâche est ardue,
Et que notre prétention d'y réussir est abusive,
Mais nous savons aussi qu'il s'agira encore d'harmoniser notre personnalité,
Notre être intérieur

Avec le monde extérieur,
Parfois dur.
Mais saint Benoît,
Nous savons que votre aide ne nous manquera pas !

Saint Benoît qui fûtes à la recherche du savoir, donnez-moi la vérité du cœur.
Saint Benoît qui fûtes à la recherche du labeur, donnez-moi l'intelligence du monde.
Saint Benoît qui alliez vers les autres, donnez-moi la fortitude.
Saint Benoît qui étiez dur à la besogne, donnez-moi la constance, la persévérance en éloignant de moi la paresse comme l'excès de zèle.

Amen.

Deuxième prière

> Hé quoi, l'impie n'est qu'un poids léger sur la face des eaux,
> Il n'a sur terre qu'une part maudite,
> Il ne prend jamais le chemin des vignes !
> *Le Livre de Job*, 23, 18.

Saint Benoît, ô bâtisseur de monastères, vous fûtes toujours proche des hommes, sachez que j'ai compris qu'il ne faut pas croire aux vanités du temps. Je désire me consacrer à l'étude pour devenir meilleur, à l'exemple de vos vénérables moines assidus à l'étude, à la prière comme aux travaux nécessaires des saisons et des jours. Comme eux, je voudrais rendre grâce au Seigneur dans tous les actes de ma vie, notamment par mon travail quotidiennement, par les ans et les décennies.

Saint Benoît, aidez-moi, par la grandeur du Christ,
Faites que je sois pur dans ma foi en Dieu,
Que les savoirs vains me laissent indifférent !
Que l'étude soit pour moi auxiliaire de la foi,
Que le savoir me conduise à l'émerveillement devant l'œuvre de Dieu !

Gloire à Dieu au plus haut des cieux !

Saint Benoît, aidez-moi, par la grandeur du Christ,
Qu'on ne me conduise jamais là où je ne veux point me rendre !
Que je récolte en joie ce que j'ai semé en peine !
Que je sois constant dans l'accomplissement de mes tâches !
Et que l'exactitude devienne mon quotidien.

J'ai payé le prix de ma négligence intellectuelle, de ma complaisance mentale et de mon inclination aux rêveries absurdes. Je prends la ferme résolution de m'appliquer au déchiffrement des pensées élevées, à l'assiduité nécessaire comme à la ponctualité qui seule, permet la sagacité, l'ouverture de l'esprit et l'espoir infini dans la grandeur de Dieu.

Saint Benoît, aidez-moi, par la grandeur du Christ,
Faites que je sois pur dans ma foi en Dieu,
Que les savoirs vains me laissent indifférent !
Que l'étude soit pour moi auxiliaire de la foi,
Que le savoir me conduise à l'émerveillement devant l'œuvre de Dieu !

Gloire à Dieu au plus haut des cieux !

Saint Benoît, aidez-moi, par la grandeur du Christ,
Qu'on ne me conduise jamais là où je ne veux point me rendre !
Que je récolte en joie ce que j'ai semé en peine !
Que je sois constant dans l'accomplissement de mes tâches !
Et que l'exactitude devienne mon quotidien.

Ô saint Benoît qui avez été favorisé par ce précieux don de patience, priez pour que le Seigneur daigne accorder quelque lumière à mon esprit enténébré ! Car il ne me suffit pas de réussir, voyez ma démesure, moi qui suis si ténu devant la providence divine, mais il me serait cher de comprendre mieux que nécessaire pour avancer encore plus dans la clarté d'esprit et dans l'amour de Dieu.

Saint Benoît, aidez-moi, par la grandeur du Christ,
Faites que je sois pur dans ma foi en Dieu,
Que les savoirs vains me laissent indifférent !
Que l'étude soit pour moi auxiliaire de la foi,
Que le savoir me conduise à l'émerveillement devant l'œuvre de Dieu !

Saint Benoît, aidez-moi, par la grandeur du Christ,
Qu'on ne me conduise jamais là où je ne veux point me rendre !
Que je récolte en joie ce que j'ai semé en peine !
Que je sois constant dans l'accomplissement de mes tâches !
Et que l'exactitude devienne mon quotidien.

Faites que je sois constant dans l'accomplissement de mes tâches !
Il ne sert à rien, certes, de s'appliquer un jour
pour se laisser surprendre par la paresse dès le lendemain !

Saint Benoît, aidez-moi, par la grandeur du Christ,
Faites que je sois pur dans ma foi en Dieu,
Que les savoirs vains me laissent indifférent !
Que l'étude soit pour moi auxiliaire de la foi,
Que le savoir me conduise à l'émerveillement devant l'œuvre de Dieu !

Gloire à Dieu au plus haut des cieux !

Saint Benoît, aidez-moi, par la grandeur du Christ,
Qu'on ne me conduise jamais là où je ne veux point me rendre !
Que je récolte en joie ce que j'ai semé en peine !
Que je sois constant dans l'accomplissement de mes tâches !
Et que l'exactitude devienne mon quotidien.

Ce ne sont pas seulement les sciences de ce monde que j'ambitionne de connaître ; mais aussi la science inexprimable et ineffable de la toute puissance de Dieu et de Sa grandeur divine. Qu'elle me donne l'entendement nécessaire et propice pour déjouer les trompeurs et les manipulateurs !

Saint Benoît, aidez-moi, par la grandeur du Christ,
Faites que je sois pur dans ma foi en Dieu,
Que les savoirs vains me laissent indifférent !
Que l'étude soit pour moi auxiliaire de la foi,
Que le savoir me conduise à l'émerveillement devant l'œuvre de Dieu !

Gloire à Dieu au plus haut des cieux !

Saint Benoît, aidez-moi, par la grandeur du Christ,
Qu'on ne me conduise jamais là où je ne veux point me rendre !
Que je récolte en joie ce que j'ai semé en peine !
Que je sois constant dans l'accomplissement de mes tâches !
Et que l'exactitude devienne mon quotidien.

Mieux on approche la Connaissance, mieux elle nous échappe. Et le plus docte des doctes est en prise avec la fuite de l'objet même de sa connaissance, de sa science et de son savoir, et moi, pauvre pécheur, je veux me consacrer à ce travail sans fin pour la plus grande gloire de Jésus, le Christ, notre Sauveur. Et voici que j'écoute des discours insensés !

Saint Benoît, aidez-moi, par la grandeur du Christ,
Faites que je sois pur dans ma foi en Dieu,
Que les savoirs vains me laissent indifférent !
Que l'étude soit pour moi auxiliaire de la foi,
Que le savoir me conduise à l'émerveillement devant l'œuvre de Dieu !

Gloire à Dieu au plus haut des cieux !

Saint Benoît, aidez-moi, par la grandeur du Christ,
Qu'on ne me conduise jamais là où je ne veux point me rendre !
Que je récolte en joie ce que j'ai semé en peine !
Que je sois constant dans l'accomplissement de mes tâches !
Et que l'exactitude devienne mon quotidien.

Saint Benoît, aidez-moi, par la grandeur du Christ,
Faites que je sois pur dans ma foi en Dieu,
Que les savoirs vains me laissent indifférent !
Que l'étude soit pour moi auxiliaire de la foi,
Que le savoir me conduise à l'émerveillement devant l'œuvre de Dieu !

Gloire à Dieu au plus haut des cieux !

Saint Benoît, aidez-moi, par la grandeur du Christ,
Qu'on ne me conduise jamais là où je ne veux point me rendre !
Que je récolte en joie ce que j'ai semé en peine !
Que je sois constant dans l'accomplissement de mes tâches !
Et que l'exactitude devienne mon quotidien.

Car les savoirs humains et terrestres sont peu de chose à l'image de la science de Dieu, qui ne nous est jamais complètement offerte et qui nous fait vivre dans l'amour et le désir de Jésus, celui dont la Parole a sauvé les hommes. Et cette science infime que nous atteignons doit nous protéger contre les sophismes et les arguments vains que l'on sait présenter de façon séductrice pour la perte des biens comme pour celle des âmes !

Saint Benoît, aidez-moi, par la grandeur du Christ,
Faites que je sois pur dans ma foi en Dieu,
Que les savoirs vains me laissent indifférent !
Que l'étude soit pour moi auxiliaire de la foi,
Que le savoir me conduise à l'émerveillement devant l'œuvre de Dieu !

Gloire à Dieu au plus haut des cieux !

Saint Benoît, aidez-moi, par la grandeur du Christ,
Qu'on ne me conduise jamais là où je ne veux point me rendre !
Que je récolte en joie ce que j'ai semé en peine !
Que je sois constant dans l'accomplissement de mes tâches !

Et que l'exactitude devienne mon quotidien.

Benoît, venez à mon secours ! Que nul trouble n'ébranle plus jamais mon assiduité, qu'elle demeure solide en la véridique loi du Seigneur, notre Dieu Celui qui est Unique !
Benoît, venez à mon secours, il faut affermir mon espoir en l'érudition sacrée : pour la gloire de Dieu je veux devenir docte et répandre de ce fait la vérité ultime par les chemins des hommes et parmi les nations.
Saint Benoît, éclairez-moi de votre saint exemple !

Saint Benoît, aidez-moi, par la grandeur du Christ,
Faites que je sois pur dans ma foi en Dieu,
Que les savoirs vains me laissent indifférent !
Que l'étude soit pour moi auxiliaire de la foi,
Que le savoir me conduise à l'émerveillement devant l'œuvre de Dieu !

Gloire à Dieu au plus haut des cieux !

Saint Benoît, aidez-moi, par la grandeur du Christ,
Qu'on ne me conduise jamais là où je ne veux point me rendre !
Que je récolte en joie ce que j'ai semé en peine !
Que je sois constant dans l'accomplissement de mes tâches !
Et que l'exactitude devienne mon quotidien.

C'est pourquoi, ô saint Benoît, je vous demande de bien intercéder pour moi, afin que mon savoir augmente, se répande et éclaire. Comme celui qui nourrit le pauvre qui a faim, comme celui qui vêt l'indigent qui est nu, je veux nourrir ceux qui ont soif de savoir et de culture, je veux contribuer à les éclairer sur les divins mystères !

Saint Benoît, aidez-moi, par la grandeur du Christ,
Faites que je sois pur dans ma foi en Dieu,
Que les savoirs vains me laissent indifférent !
Que l'étude soit pour moi auxiliaire de la foi,
Que le savoir me conduise à l'émerveillement devant l'œuvre de Dieu !

Gloire à Dieu au plus haut des cieux !

Saint Benoît, aidez-moi, par la grandeur du Christ,
Qu'on ne me conduise jamais là où je ne veux point me rendre !
Que je récolte en joie ce que j'ai semé en peine !
Que je sois constant dans l'accomplissement de mes tâches !
Et que l'exactitude devienne mon quotidien.

Exaucez-moi, saint Benoît, car mon cœur est pur.
Faites, au nom de Dieu, l'Unique en trois personnes, que j'apprenne humblement, au nom de Dieu le Père, Le Fils et le Saint Esprit sur la route de Justice et de Gloire !
Par ton intercession, ô valeureux saint Benoît, je serai ferme et ma foi s'affermira.

Ainsi soit-il.

Troisième prière

> Paroles de l'Ecclésiaste, fils de David, roi de Jérusalem.
> Vanité des vanités, dit l'Ecclésiaste, vanité des vanités, tout est vanité
> Quel avantage revient il à l'homme de toute la peine qu'il se donne sous le soleil ? Une génération s'en va, une autre vient et la terre subsiste toujours. Le soleil se lève, le soleil se couche ; il soupire après le lieu d'où il se lève de nouveau.
> *L'Ecclésiaste,* 1-3.

Dieu est grand, chantons ses louanges,
Éternellement !

C'est par l'exemple de ta sainte règle que j'aimerais, ô Benoît, devenir érudit en ce monde ! Car il est juste et bon d'honorer Dieu le Père, Dieu le Fils, Dieu le Saint Esprit, l'Unique en trois personnes en étudiant avec rigueur ce qui est de ce monde afin de mériter l'autre !

Dieu est grand, chantons ses louanges,
Éternellement !

Car tout savoir bien mené peut enrichir l'humanité en lui donnant plus de grandeur, à l'ombre de la gigantesque grandeur de Dieu le Père, de Dieu le Fils, de Dieu le Saint esprit, l'Unique en trois personnes !

Dieu est grand, chantons ses louanges,
Éternellement !

Oui, Saint Benoît, toute vie humaine est curieuse de connaître. Mais ce serait vanité, absurdité, et même sacrilège si ce n'est pas pour s'approcher patiemment de la connaissance de Dieu le Père, de Dieu le Fils, de Dieu le Saint esprit, l'Unique en trois personnes !

Dieu est grand, chantons ses louanges,
Éternellement !

Oui, les pâtures de science seront ma nourriture, et ce sera dans le respect absolu de la très sainte loi de Dieu le Père, de Dieu le Fils, de Dieu le Saint esprit, l'Unique en trois personnes !

Dieu est grand, chantons ses louanges,
Éternellement !

C'est pourquoi, admirable saint Benoît, je vous demande votre aide et votre entremise, malgré mon indignité ! Veuillez intercéder pour moi auprès de Dieu le Père, de Dieu le Fils, de Dieu le Saint esprit ; l'Unique en trois personnes !

Dieu est grand, chantons ses louanges,
Éternellement !

Amen.

Trois prières à saint Benoît pour la paix sur la Terre

La folie meurtrière n'est pas près de s'éteindre! Prions Saint Benoît, afin qu'il nous redonne un peu d'espoir!

Première prière

Soyons ferme dans notre foi et prions le Seigneur. La prière sincère et désolée de nombreux chrétiens saura monter au Ciel et atteindre l'écoute du Père Éternel. Prions pour la paix!

Entendez-vous le vacarme terrestre? Au creux du cœur des hommes la haine creuse son terrier. Le travail de mort, insidieux et pervers attend sa proie.
Saint Benoît, prends pitié de nos grandes angoisses!

Entendez vous le râle des mourants? Le soleil luit sur les cadavres et tout devient muet. Tapie dans l'âme des méchants, la haine se répand à loisir.
Saint Benoît, prends pitié de nos grandes angoisses!

Entendez-vous les pleurs des mères? Comme un oiseau néfaste planant sur toutes choses, la mort a pris leurs enfants.
Saint Benoît, prends pitié de nos grandes angoisses!

Entendez vous la plainte de l'infirme? Son corps meurtri témoigne.
Saint Benoît, prends pitié de nos grandes angoisses!

Entendez-vous le canon et les bombes? La destruction aventureuse ne choisit même pas ses victimes.
Saint Benoît, prends pitié de nos grandes angoisses!

Entendez-vous les beaux discours ? Les hommes mentent et justifient par la raison leur cruauté.
Saint Benoît, prends pitié de nos grandes angoisses !

Entendez-vous votre propre cœur ? Ressent-il l'amertume de la détestation ?
Saint Benoît, prends pitié de nos grandes angoisses !

Entendez-vous parler votre âme ? Qui méritera le pardon ?
Saint Benoît, prends pitié de nos grandes angoisses !

Deuxième prière

La guerre, toujours la guerre. Les hommes ne peuvent s'empêcher de s'entre-tuer. Le message divin se dissout dans la haine. Les hommes de bonne volonté se désespèrent...
Les médecins du corps s'affolent devant les blessures graves. Les prêtres, médecins de l'âme, pleurent devant l'impiété, la haine, la misère...

Qu'est-ce que la Paix ? Ô saint Benoît, n'est-ce pas la prairie, l'herbe verte, le printemps résolu, les petites pâquerettes et le champ labouré qui nourrira les hommes ?
Qu'est-ce que la Paix ? Ô saint Benoît, ce n'est pas les mines qui détruisent, le fusil qui transperce, le couteau qui égorge, les buissons épineux de barbelés cruels, ni le canon qui tonne.
Qu'est-ce que la Paix ? Ô saint Benoît, n'est-ce pas le savoir que tu sus prodiguer, la culture des lettres, l'amour fervent des sciences qui nous rendent meilleurs et que tu répandis sur l'Europe toute entière ?
Qu'est-ce que la Paix ? Ô Benoît, n'est-ce pas la Foi, la soumission à dieu, la charité fervente en toute humilité ?

Troisième prière

Ainsi parle l'Éternel
Prenez garde à vos âmes...
Jérémie, 17, 21.

Saint Benoît, à la mesure de sa grande douceur, eut de nombreuses fois, le devoir d'apaiser les disputes, d'enrayer les conflits inévitables entre moines vivant en vase clos. Sa grande sagesse put, à chaque fois, ramener l'harmonie entre des caractères souvent opposés. Par cette fermeté dans la direction des âmes et dans la discipline humaine, il se trouve à même d'intercéder auprès du Très Haut pour exaucer nos vœux contre les horribles guerres qui ensanglantent notre monde.
Prions.

Qui sommes-nous pour juger les autres ?
Qui sommes-nous pour les condamner ?
La guerre est faite d'orgueil autant que de déraison.

Saint Benoît, priez avec nous pour la paix sur la terre !

La cruauté humaine nous dépersonnalise.
Qui sommes-nous ?
Et parmi nous, qui ose tuer ?

Saint Benoît, priez avec nous pour la paix sur la terre !

Oui, qui ose tuer ?
Qui ose y trouver une raison suffisante ?
Saint Benoît, dans la paix de son âme consolera nos cœurs éplorés.

Saint Benoît, priez avec nous pour la paix sur la terre !

Mais nous devons avant tout sonder notre conscience.
Chacun de nous pourrait trouver de bons prétextes pour tuer les autres.

Et c'est le Malin qui nous y incite.

Saint Benoît, priez avec nous pour la paix sur la terre !

La violence se tapit en chacun de nos cœurs
Et c'est le mal qui nous y exhorte.
Que saint Benoît nous vienne en aide !

Saint Benoît, priez avec nous pour la paix sur la terre !

Amen.

Trois prières à saint Benoît lorsqu'on souffre d'un chagrin d'amour

Jeunes gens et jeunes filles se fréquentent assidûment. C'est naturel : Dieu a voulu que les sexes s'attirassent pour procréer de nouvelles créatures. Si l'on évite le marivaudage, et surtout certains attouchements, sans oublier les affres de la fornication, ces fréquentations sont légitimes et ne portent pas à conséquence. Il faut que jeunesse se passe.

Première prière

> L'Éternel est mon berger : je ne manquerai de rien.
> Il me fait reposer dans les verts pâturages,
> Il me dirige près des eaux paisibles.
> Il restaure mon âme,
> Il me conduit dans les sentiers de la justice,
> À cause de son nom.
> *Psaumes*, 2 3, 1-3.

Mais, malgré la force de l'attirance que Dieu a voulue entre les sexes, il se peut que tout n'aille pas comme on le voudrait. Et c'est la tristesse de l'amoureux transi… Saint Benoît, dans la pureté de ses mœurs, saura nous conseiller en cette circonstance pénible.

Durant mes nuits moroses, féales de l'insomnie, mes songes s'alourdissent en tristesse infinie. J'ai perdu tout bonheur et il n'y a rien au monde qui puisse me redonner l'amour qui s'est enfui. Je pleure ma peine et mon souci. Je pleure.
Saint Benoît, évite-moi de souffrir encore.
Le souffle du vent d'automne habite au fond de moi. Bien souvent il murmure malaisément : « je t'aime ». La lune me dédaigne hautaine-

ment peut-être... Je crois devenir fou de chagrin et d'ennui. Je voudrais inventer des poèmes immenses et les crier en toutes les langues humaines : c'est une tentation à nulle autre pareille qui nous vient d'autrefois, de la Tour de Babel.
Saint Benoît, évite-moi de souffrir encore.
Je porte en moi l'amour avec ses déraisons. Encore inassouvi j'inspecte les nuages, croyant y voir un signe que Dieu seul enverrait.
Saint Benoît, évite-moi de souffrir encore.
Il faut que je me reprenne, que je me secoue. Je dois revivre mieux en adorant mon Dieu, en honorant Benoît. La peine consécutive à mes amours humaines ne doit pas m'éloigner de la grâce de Dieu.
Saint Benoît, évite-moi de souffrir encore.

Deuxième prière

Ô Éternel ! Tu es mon Dieu ;
Car tu as fait des choses merveilleuses ;
Tes desseins conçus à l'avance se sont fidèlement accomplis.
Isaïe, 25, 1.

Cependant, il arrive, et ceci à tout âge que l'on sente en soi, à tort ou à raison, une attirance plus profonde. Si l'on vit chastement, elle sera bénéfique. Et pourra mener à une union chrétienne.

Ô coule dans mes veines, inspiration divine, fleuris dans le silence de mon âme éperdue, redonne-moi l'envie de chanter les louanges du Seigneur.
Au fond de moi-même, je fais don de promesse de toujours aimer Dieu en honorant Benoît.
Les saisons qui défilent gorgées de vie intense m'éloigneront bien vite d'un chagrin ordinaire.
Je remercie le ciel de bien vouloir m'aider dans cette quête de la paix.
Ô toi, saint Benoît, qui vit éternellement dans l'autre monde, ton regard si profond saura me contempler. Tu me diras enfin si mon attachement aurait dû être durable ou se dissoudre ainsi.

Seigneur, maître du temps, donne-moi la sagesse, ô précieux joyau, immensité divine.
Et toi, Grand saint Benoît ne me laisse pas seul, atterré, hasardeux, combattant l'océan de mes larmes futiles.

Troisième prière

> Oh ! Quand viendra la fin de ces maux ? Quand serai-je délivré de la misérable servitude des vices ? Quand me souviendrai-je, Seigneur, de vous seul ? Quand goûterai-je en vous une pleine joie ?
> Thomas a Kempis, *L'Imitation de Jésus-Christ*, III « De la vie intérieure ».

Attention : il arrive fréquemment que l'on s'enflamme à tort ! Prions saint Benoît pour raison garder !

La parole divine, ô saint Benoît, est la nourriture de l'âme.
Les amours humaines en sont aussi formées.
Encore faut-il savoir en discerner la vérité, la justesse, la profondeur, la pureté.

Aidez-moi, saint Benoît à discerner l'amour vrai !

Par les soins appliqués du Malin assidu il se peut que l'on croie vivre enfin l'amour, alors qu'on ne ressent qu'un vulgaire désir que notre crédulité embellit, poétise.

Aidez-moi, saint Benoît à discerner l'amour vrai.

Par votre sagacité, saint Benoît le Juste, vous nous aiderez à différencier ce qui est vrai dans notre attachement de ce qui s'assemble aux pulsions ordinaires que nous devons combattre pour la gloire de Dieu.

Aidez-moi, saint Benoît à discerner l'amour vrai.

Trois prières à saint Benoît pour trouver du travail

En se tournant vers les disciples, Jésus leur dit en particulier : Heureux les yeux qui voient ce que vous voyez !
Car je vous le dis, beaucoup de prophètes et rois ont désiré voir ce que vous voyez et ne l'ont pas vu, entendre ce que vous entendez et ne l'ont pas entendu.
Évangile selon saint Luc, X, 23-24.

Le chômage est un drame. Saint Benoît le sait. Pour peu qu'on le prie sincèrement, il viendra à la rescousse…

Première prière

Bien aimé n'imite pas le mal mais le bien. Celui qui fait le bien est de Dieu ; celui qui fait le mal n'a point vu Dieu.
Troisième Épître de saint Jean, 11.

Vénérable saint Benoît, père de l'Europe, vous qui fûtes connaissance sacrée, source de lumière vive, éloignez-moi des nœuds de l'angoisse !
Donnez-moi la vérité du cœur.

Vénérable saint Benoît, père de l'Europe, vous qui avez promu le travail régulier, aidez-moi à retrouver ma place au monde faites, par votre sublime intercession, que je retrouve un emploi !
Donnez-moi la vérité du cœur.

Vénérable saint Benoît, père de l'Europe, universel médiateur, procurez-moi de l'ouvrage.
Vénérable saint Benoît, vous qui fûtes si sage, si constant en vos voies, donnez-moi l'ardeur et le désir du travail bien fait, afin que mon labeur soit encore une façon de louer le Seigneur !
Donnez-moi la vérité du cœur.

Ainsi soit-il.

Deuxième prière

Ô saint Benoît, patron du continent, frère des hommes et adorateur de Jésus, salut à toi !
Que mille grâces te soient rendues, à toi dont la gloire rayonne sur toutes choses. Je dépose à tes pieds une demande sincère qui dépasse mon désir et me rend craintif. J'ai besoin de travail pour subsister moi-même, mais ce ne serait rien si je m'arrêtais là.

Vénérable saint Benoît, fondateur de cloîtres, bâtisseur pour la gloire de Dieu, ne laisse pas ma misère se refermer sur elle-même. Fais que mon énergie serve à tous, à toutes. Transforme mon désir en volonté fervente.

Saint Benoît, sois mon avocat, mon intercesseur et mon protecteur auprès du Seigneur ! (Précisez les circonstances, de quel travail il s'agit, etc.).

Et je promets que, si tu m'exauces, mon travail se tournera vers le service des autres autant que vers mes besoins. Que j'y serai exact.
Saint Benoît donne-moi l'utilité.
Ainsi soit-il.

Troisième prière

Je vous prie et demande,
Ô grand saint Benoît,
De bien vouloir intercéder pour moi,
Auprès de Dieu, le Père,
Créateur du Ciel et de la Terre,
Auprès de Dieu, le fils,
Qui donna sa vie pour nous sauver,
Auprès de Dieu,
Le Saint Esprit
Qui est le souffle de la vie,

Et qui sont un seul et unique Dieu
En trois personnes,
Comme nous l'ont appris
Les saints apôtres
Pour la plus grande gloire du Seigneur,
Saint Benoît, aidez-moi à trouver un emploi !

Saint Benoît, priez pour moi,
Saint Benoît, intercédez pour moi,
Saint Benoît exaucez-moi !

Que la volonté du Seigneur s'accomplisse sur la Terre comme au ciel !

Saint Benoît,
Serviteur assidu
De Notre Seigneur Jésus
Aidez-moi à trouver un travail digne,
Pour ma subsistance.

Saint Benoît
Dont la gloire rayonna
Sur toute l'Europe,
Faites de moi
Le travailleur véridique
De l'espérance
En Dieu
J'ai besoin de travail pour subsister
Glorieux serviteur du Très-Haut,

Saint Benoît, écoutez-moi,
Saint Benoît, priez pour moi,
Saint Benoît, intercédez pour moi,
Saint Benoît exaucez-moi !

Que la volonté du Seigneur s'accomplisse sur la Terre comme au Ciel !

Détournez de moi la crainte
Sans m'ôter la soumission indispensable
Au Seigneur, notre Dieu !

Je sais que je ne suis qu'un pécheur indigne,
Que je me montre trop faible devant la tentation,
Que ma vie ne se déroule pas toujours
Selon les commandements de Dieu,
Il m'arrive d'oublier mes devoirs de chrétien,
Ma pratique est souvent faible ou irrégulière,
Je me laisse trop souvent entraîner
Par les futilités d'un monde frivole
Au lieu de penser à mon salut,
Mais j'aime Dieu de tout mon cœur,
Et je décide, aujourd'hui,
De le servir avec exactitude,
Dans le souci dévot d'accomplir Sa volonté sur la terre,
Ici et maintenant.

Saint Benoît, priez pour moi,
Saint Benoît, intercédez pour moi,
Saint Benoît exaucez-moi !

Que la volonté du Seigneur s'accomplisse sur la Terre comme au Ciel !

Transformez mon appétence
En résolution passionnée.
Saint Benoît,
Aidez-moi à trouver un emploi
Et je promets que, si vous m'exaucez, mon travail
Se tournera vers le service des autres
Autant que vers mes besoins
Pour la plus grande gloire du Seigneur.

Saint Benoît, priez pour moi,
Saint Benoît, intercédez pour moi,
Saint Benoît exaucez-moi !

Que la volonté du Seigneur s'accomplisse sur la Terre comme au Ciel !

Je désire pour m'améliorer
Et obtenir une meilleure place au monde,
Je veux être capable d'exercer mon emploi
Avec capacité et compétence,
Je veux savoir bien me conduire dans ma profession,
En respectant ceux qui seront sous mes ordres,
En obéissant à mes supérieurs hiérarchiques.
Oui, je veux être un travailleur assidu,
Je veux mériter le respect des autres travailleurs,
Pour la plus grande gloire de Dieu !

Saint Benoît, priez pour moi,
Saint Benoît, intercédez pour moi,
Saint Benoît exaucez-moi !

Que la volonté du Seigneur s'accomplisse sur la Terre comme au Ciel !

Je vous prie et demande,
Ô grand saint Benoît,
De bien vouloir intercéder pour moi,
Auprès de Dieu, le Père,
Créateur du Ciel et de la Terre,
Auprès de Dieu, le fils,
Qui donna sa vie pour nous sauver,
Auprès de Dieu,
Le Saint Esprit
Qui est le souffle de la vie,
Et qui sont un seul et unique Dieu

En trois personnes,
Comme nous l'ont appris
Les saints apôtres
Pour la plus grande gloire du Seigneur,
Saint Benoît, aidez-moi à trouver un emploi !

Saint Benoît, priez pour moi,
Saint Benoît, intercédez pour moi,
Saint Benoît exaucez-moi !

Que la volonté du Seigneur s'accomplisse sur la Terre comme au Ciel !

Au nom du Père du Fils et du Saint Esprit,
Ainsi soit-il.

Deuxième série de trois prières à saint Benoît pour trouver du travail

> Car vous étiez comme des brebis errantes. Mais maintenant vous êtes retournés vers le pasteur et le gardien de vos âmes.
> *Première épître* de Pierre, 2, 25.

Le chômeur est souvent rejeté par les siens. Et dans la solitude, il doit tout recommencer. Tout construire. Tout reconstruire. Se reconstruire. C'est difficile. Et pour ce problème contemporain préoccupant, nous avons pensé qu'il est bon d'ajouter trois prières de plus.

Première prière

> Voici ce mal vient de l'Éternel ;
> Qu'ai-je à espérer encore de l'Éternel ?
> *Deuxième Livre* des Rois, 6, 33.

On désespère facilement dans le monde d'aujourd'hui. La solitude, l'isolement pèsent de tout leur poids. Et le chômage sévit... Le chômeur devient parfois une sorte de paria. Comme un impur parmi les impurs. Un réprouvé.

Saint Benoît le docte ne me laissez pas vivre désœuvré, malheureux, inutile et fortuit.
Glorieux saint Benoît, vous dont la vie fut faite de travail méritoire, je vous invoque et demande votre aide.
Saint Benoît le docte ne me laissez pas vivre désœuvré, malheureux, inutile et fortuit.
Votre ouvrage fut de répandre la foi.
Saint Benoît le docte ne me laissez pas vivre désœuvré, malheureux, inutile et fortuit.
Votre exemple me sourit, et je veux être digne de votre protection.

Saint Benoît le docte ne me laissez pas vivre désœuvré, malheureux, inutile et fortuit.
Daignez me prendre sous votre protection.
Saint Benoît le docte ne me laissez pas vivre désœuvré, malheureux, inutile et fortuit.
Je vous invoque avec un cœur ferme dans sa volonté.
Saint Benoît le docte ne me laissez pas vivre désœuvré, malheureux, inutile et fortuit.
Je vous invoque avec un esprit pur dans son désir vrai.
Saint Benoît le docte ne me laissez pas vivre désœuvré, malheureux, inutile et fortuit.
Intercédez pour moi.
Saint Benoît le docte ne me laissez pas vivre désœuvré, malheureux, inutile et fortuit.
Source de la Connaissance, écoutez ma requête...
Saint Benoît le docte ne me laissez pas vivre désœuvré, malheureux, inutile et fortuit.
Aidez-moi à chercher le labeur nécessaire à mes jours, à ceux des miens...
Saint Benoît le docte ne me laissez pas vivre désœuvré, malheureux, inutile et fortuit.

Deuxième prière

> Louez l'Éternel, car il est bon,
> Car sa miséricorde dure à toujours !
> Qui dira les bienfaits de l'Éternel ?
> Qui publiera toute sa louange ?
> *Psaumes,* 106, 1-2.

Saint Benoît a su se mettre en jeu : il a voulu se trouver par l'errance, et par le choix de voies qui nous semblent opposées : la solitude et la vie en commun.
Par cette incertitude qu'il supporta fort bien, il peut devenir le guide du chômeur. De celui qui a peur du lendemain. De celui qui craint la pauvreté. La misère. La disette. La faim. Le rejet. La solitude. Le mépris.

Je ne perdrai pas confiance. Je suivrai votre exemple. Je m'inspirerai de vos paroles. J'écouterai la Voix.
En toute obéissance.
Je me ferai sagace pour atteindre au plus haut de mes capacités.
Je travaillerai.
En toute bonne foi.
J'accomplirai ma tâche avec exactitude.
En toute sincérité.
Donnez-moi du travail, saint Benoît.
Je ne perdrai pas confiance. Je suivrai votre exemple. Je m'inspirerai de vos paroles. J'écouterai la Voix.

Troisième prière

> Que celui qui a des oreilles pour entendre entende.
> *Évangile* selon saint Luc, 14, 35.

La conjoncture est difficile. Pourtant, certains parviennent à œuvrer malgré le chômage. Comment font-ils ? Qu'ont-ils de plus que les au--tres ? Pourquoi eux et pas moi ? Le Seigneur serait-il injuste ? Prions !

Ô, Ciel !
Voici venir l'heure du doute !
Saint Benoît, protégez-moi !
Je vous implore.
Je quémande.
J'invoque.
Je crois.
Vous me donnerez le savoir avec le savoir-faire.
Et, par votre exemple, je sais que je dois, avant de me plaindre, avant de me désespérer, accomplir tout ce que je peux pour devenir actif.
Le Ciel saura m'aider si j'affronte le dédain, l'adversité.
Je deviendrai utile.
Et mon travail sera un hommage au Seigneur.
Amen

Trois prières à saint Benoît pour trouver la paix de l'âme

> Quand les justes se multiplient, le peuple est dans la joie ;
> Quand le méchant domine, le peuple gémit.
> *Proverbes*, 29, 2.

Le monde est agité, bruyant. Parfois pervers. La confusion qui y règne nous remplit de tristesse. À tel point que, parfois, nous ne parvenons plus à distinguer le bien du mal. Et, dans la grandeur de son esprit, Benoît, qui fut sagacité, intelligence des choses, discernement ne peut que nous aider à accéder à la clarté nécessaire…

Première prière

> Car l'Éternel console son peuple,
> Il a pitié de ses malheureux.
> *Isaïe*, 49, 13.

Aimer est le meilleur moyen de trouver la paix. La prière est tout amour ! Aimer et prier sont quasiment synonymes !

Ma vie semée d'embûches, ô saint Benoît, je veux la consacrer au bien quotidien.
Exaucez-moi, donnez-moi la ferveur. Renoncerai-je, sans votre aide, au trouble et au tumulte ?
Donnez-moi le désir du bien. Et je serai heureux de servir le Seigneur.
Ma vie, chemin sinueux, ô saint Benoît, doit devenir droite.
Exaucez-moi, donnez-moi la paix de l'âme. Rectifiez mes défauts pour peu que je m'y essaie avec sincérité.
Donnez-moi la pureté. Et je serai sauvé.
Mon sentier d'inquiétude, ô saint Benoît, est bordé d'épines. Et m'y voici errant, sans réelle direction.
Rassemblerai-je enfin les débris de mon cœur ?

Donnez-moi l'intégrité.
Et je serai sauvé.

Deuxième prière

Ils arrivent, les jours du châtiment,
Ils arrivent, les jours de rétribution.
Osée, 9, 7.

Avec les yeux de l'âme tâchez de contempler le séjour des élus.
Pour la plus grande gloire de Dieu.

Ma peine est encore vive.
Ô saint Benoît, guérissez-moi de l'anxiété.
Ne m'abandonnez pas au fin fond des ténèbres.
Comme l'eau vive suit la pente de son destin, faites de moi la rivière limpide qui abreuve d'amour ceux que j'aime…
Une seule parole, ô saint Benoît, et ma joie sera grande.
Libérez-moi, ne me laissez pas succomber aux tentations frivoles.
Sans votre aide, je me morfondrais dans l'inquiétude.
Un seul regard, ô saint Benoît, et je vivrais en paix.
Réconfortez-moi, ne me laissez pas succomber aux tentations frivoles
Libérez-moi, ne me laissez pas sombrer dans la déréliction.
Aidez mon âme à se reprendre.
Comme l'eau vive suit la pente de son destin, faites de moi la rivière limpide qui abreuve d'amour ceux que j'aime.
Ô saint Benoît, donnez-moi votre bienveillance.
Ma douleur est amère.
Ma ferveur se réveille.
Ô saint Benoît, donnez-moi votre bienveillance.
Donnez-moi la confiance.
Et la sérénité.

Troisième prière

> Car l'agneau qui est au milieu du trône les paîtra et les conduira aux sources des eaux de la vie et Dieu essuiera toute larme de leurs yeux.
> *Apocalypse* 7, 17.

La certitude n'est pas de ce monde. Elle n'appartient qu'à Dieu. Lui seul connaît les raisons et les causes. Le doute est notre lot. Il faut y résister. Et combattre le mal par la foi. En la vivant avec intensité.

Ô saint Benoît, nous vous louons comme le juste, le sévère...
Toutes les Puissances et les Vertus vous imprègnent.
Gloire à vous, saint Benoît, fondateur de l'esprit occidental.
Aidez-nous saint Benoît, à vivre dans la grâce du Saint Esprit.
Secourez-nous, ô saint Benoît, à notre dernière heure : que la crainte et l'effroi s'éloignent pour laisser place à joie grande ferveur et à l'immense joie de retrouver notre Créateur.

Ainsi soit-il.

Trois prières à saint Benoît pour trouver un logement

Nuit et jour ils n'arrêtent pas de dire : saint, saint, saint est le Seigneur Dieu, le Tout-Puissant, qui était, qui est, et qui vient
Apocalypse 4:8 ; 1:4,8

Nous sommes bien obligés de vivre sous un toit. Saint Benoît, lui-même, s'abrita dans une modeste caverne. Puis il fit bâtir une grande maison, un monastère…

Première prière

Dieu est Esprit, et il faut que ceux qui l'adorent en esprit et en vérité.
Évangile selon saint Jean, 4:24

Les logements sont chers, difficiles à trouver. Spécialement dans les endroits où il y a de l'emploi. Et que dire du Christ, qui, dès sa naissance, dut se contenter d'un abri de fortune ?

Saint Benoît, ermite et bâtisseur, ne me laissez pas vivre sans abri au gré du vent, de la pluie, de la neige et du froid.
Saint Benoît, ayez pitié de moi.
Saint Benoît, écoutez ma prière.
Saint Benoît, vous avez vécu dans une caverne,
Connu le froid, la faim…
Saint Benoît, ermite et bâtisseur, ne me laissez pas vivre sans abri au gré du vent, de la pluie, de la neige et du froid.
Saint Benoît, ayez pitié de moi.
Saint Benoît, écoutez ma prière.
Saint Benoît, ermite et bâtisseur, ne me laissez pas vivre sans abri au gré du vent, de la pluie, de la neige et du froid.
Saint Benoît, vous avez abrité les errants
Les pauvres, les solitaires.

Saint Benoît, ermite et bâtisseur, ne me laissez pas vivre sans abri au gré du vent, de la pluie, de la neige et du froid.
Saint Benoît, ayez pitié de moi.
Saint Benoît, écoutez ma prière.
Vous avez ouvert votre demeure
Comme vous avez ouvert votre cœur.
Saint Benoît, ayez pitié de moi.
Saint Benoît, écoutez ma prière.
Vous avez réchauffé celui qui tremblait, victime des frimas,
Restauré celui que tenaillait la faim.
Saint Benoît, ermite et bâtisseur, ne me laissez pas vivre sans abri au gré du vent, de la pluie, de la neige et du froid.
Saint Benoît, ayez pitié de moi.
Saint Benoît, écoutez ma prière.
La demeure de Dieu sera ouverte au juste,
Donnez-moi ici-bas un abri.
Saint Benoît, ermite et bâtisseur, ne me laissez pas vivre sans abri au gré du vent, de la pluie, de la neige et du froid.
Saint Benoît, ayez pitié de moi.
Saint Benoît, écoutez ma prière.

Deuxième prière

> Puisqu'il m'aime, je le délivrerai.
> Je le protégerai puisqu'il connaît mon nom.
> Je serai avec lui dans la détresse,
> Je le délivrerai et je le glorifierai.
> Je le rassasierai de longs jours.
> Et je lui ferai voir mon salut.
> *Psaumes*, 91, 14-16.

Saint Benoît, comme Jésus, comprendront notre désarroi. Ils sauront nous venir en aide.

Saint Benoît, au cœur empli de sollicitude, aidez-moi à trouver l'abri nécessaire. Il faut que je me loge ainsi que les miens (ou moi seul,

selon le cas). J'aspire à vivre sous un toit que la foi sanctifiera, je désire un foyer chrétien pour célébrer la gloire du Père, du Fils, et du Saint-Esprit.
La maison de Dieu est ouverte au juste. La mienne le sera à qui n'a pas de chance.
Mon foyer accueillera la Parole divine.
Et j'y serai serviteur du Seigneur.

Troisième prière

> Et j'ouvrirai la bouche au milieu d'eux.
> Et ils sauront que je suis l'Éternel.
> *Ezéchiel,* 29, 21.

En notre temps, les crises à la fois morales, religieuses, s'accompagnent d'une crise économique. Nous ressentons combien ces problèmes sont liés. Car la précarité et l'immoralité sont sœurs, procèdent l'une de l'autre et il n'y a pas de situation impie qui ne voie s'écrouler le monde du travail, des affaires et des services.

L'aventure de la Foi,
Vénérable saint Benoît,
Bâtit mon espoir,
Et mon admiration
Pour la grande lumière,
De Jésus,
Le Christ,
Sauveur de l'humanité !

Gloire à toi, Seigneur !

La grandeur de ta Gloire
Ma rappelle que Dieu aime.
Dieu aime,
Hors de toute considération

D'origine ou de rang,
L'aime le pauvre assidu,
Comme le riche sincère.
De ce fait, saint Benoît,
J'ose vous prier, Pour trouver un toit.

Gloire à toi Seigneur !

Dieu aime celui qui aime
En amour de l'Amour,
En communion suprême
Et en fraternité.
Et je sais que
Si ma sincérité dure
Je serai logé,
Par ton intercession, vénérable saint Benoît.

Gloire à toi, Seigneur !

En amour de l'Amour,
En disposition d'âme
Tournée vers mon prochain
Je te loue, saint Benoît.

Ainsi soit-il.

Trois prières à saint Benoît pour trouver l'âme sœur

> Désirez, comme des enfants nouveaux nés le lait spirituel et pur, afin que par lui, vous croissiez pour le salut
> *Première Épître* de saint Pierre, 2 :2.

L'amour nous transcende. Il nous dépasse. Il convient de se préparer à en être digne. Il faut devenir le réceptacle de cette grâce que Dieu nous octroie. Ainsi qu'il est dit dans l'Évangile : « il ne faut point mettre du vin nouveau dans de vieilles outres ». Ce qui doit nous inciter à nous rénover intérieurement pour être digne du plus beau des sentiments. L'amour se mérite autant qu'il se désire. Il nous fait renaître : Les amours humaines sont, sur terre, le reflet de l'amour divin. L'engagement du mariage, ce sacrement ne saurait être envisagé à la légère. Cet amour rayonnant doit conduire à la naissance d'une nouvelle génération qu'il faudra éduquer d'une façon chrétienne. Mais quel chrétien sommes nous ? Comme toujours, une prière à saint Benoît doit mettre en jeu notre intériorité en tant que partenaire du monde extérieur. Aller vers l'autre, aller vers une créature de Dieu le Père, c'est encore, ce doit être encore lui rendre grâce.

Première prière

> Donnez, et il vous sera donné : on versera dans votre sein une bonne mesure, serrée, secouée et qui déborde ; car on vous mesurera avec la mesure dont vous vous serez servis.
> *Évangile* selon saint Luc, 6, 38

Zélé serviteur de la foi, exauce-moi. Ô Benoît, en toute sollicitude, fait jaillir ta bienveillance sur mon âme esseulée. Benoît qui fut toi-même tout amour, donne-moi la force d'aimer.
Ô Benoît, toi qui consacras ta vie au service divin, réponds à ma requête. Réponds à ma prière qui s'élève vers toi du fond de ma solitude

amère. Libère-moi de la concupiscence et des pensées impures. Avec ton aide, je sais que je m'améliorerai. Ni la détresse, ni la tristesse ne résisteront à ton intercession. Donne-moi la générosité du cœur aimant. Ô benoît, exauce-moi.

Deuxième prière

> Les foules qui marchaient devant Jésus et celles qui suivaient criaient : « Hosanna au fils de David ! Béni soit celui qui vient au nom du Seigneur ! Hosanna au plus haut des cieux ! » Comme Jésus entrait à Jérusalem, l'agitation gagna toute la ville ; on se demandait : « Qui est cet homme ? » Et les foules répondaient : « C'est le prophète Jésus, de Nazareth en Galilée. »
> *Évangile selon saint Matthieu* (Mt 21, 1-11)

Saint Benoît, je sais que je ne m'adresse pas à toi en vain.
Mon désir d'aimer participe de ma foi.
Benoît, toi qui bénis, veille sur ma volonté.
Ici et maintenant, j'erre dans l'obscurité : Dieu a fait l'homme et la femme pour qu'ils vivent ensemble.
Ta bienveillance, je le sais, me conduira vers le bon choix.
Exauce mon vœu, donne-moi la pureté.
Amen.

Troisième prière

> Alors les apôtres réunis lui demandèrent : Seigneur, est-ce en ce temps que tu rétabliras le royaume d'Israël ?
> Il leur répondit : Ce n'est pas à vous de connaître les temps ou les moments que le Père a fixés de sa propre autorité.
> *Actes des Apôtres,* I, 6-8.

Par la grandeur de ta sainteté sublime, auguste saint Benoît, tu nous as donné l'exemple de la ferveur humaine ! Inspire mon désir d'aimer l'autre en Dieu !

Ne me laisse pas dans la solitude et dans la vanité d'une vie sans partage ! Et considère avec moi que Dieu a voulu que l'homme et la femme soient unis pour la perpétration régulière de la foi, de l'amour, et par le Christ, notre Sauveur !

Ainsi les amours humaines seront en Dieu, par Dieu et pour Dieu !
Unique est le Seigneur !
Comme il est juste, comme il est bon de le louer !
Unique est le Seigneur
en trois personnes sublimes !

La gloire du Seigneur illumine mon cœur !

Zélé serviteur de la foi, apaise-moi, ô saint Benoît, Protecteur de l'Europe, en toute sollicitude, fait jaillir ta bienveillance sur mon âme esseulée.
Bienveillant saint Benoît qui fut toi-même tout amour, donne-moi la force d'aimer.

Par la grandeur de ta sainteté sublime, auguste Benoît, tu nous as donné l'exemple de la ferveur humaine ! Inspire mon désir d'aimer l'autre en Dieu !

Ne me laisse pas dans la solitude et dans la vanité d'une vie sans partage ! Et considère avec moi que Dieu a voulu que l'homme et la femme soient unis pour la perpétration régulière de la foi, de l'amour, et par le Christ, notre Sauveur !

Ainsi les amours humaines seront en Dieu, par Dieu et pour Dieu !
Unique est le Seigneur !

Comme il est juste, comme il est bon de le louer ! Unique est le Seigneur en trois personnes sublimes !

La gloire du Seigneur illumine mon cœur !

Ô saint Benoît, toi qui consacras ta vie au service divin, réponds à ma requête. Réponds à ma prière qui s'élève vers toi du fond de ma solitude amère.

Libère-moi de la concupiscence et des pensées impures. Avec ton aide, je sais que je m'améliorerai. Ni la détresse, ni la tristesse ne résisteront à ton intercession. Donne-moi la générosité du cœur aimant. Ô saint Benoît, exauce-moi.

Par la grandeur de ta sainteté sublime, auguste saint Benoît, tu nous as donné l'exemple de la ferveur humaine ! Inspire mon désir d'aimer l'autre en Dieu !

Ne me laisse pas dans la solitude et dans la vanité d'une vie sans partage ! Et considère avec moi que Dieu a voulu que l'homme et la femme soient unis pour la perpétration régulière de la foi, de l'amour, et par le Christ, notre Sauveur !

Ainsi les amours humaines seront en Dieu, par Dieu et pour Dieu ! Unique est le Seigneur !

Comme il est juste, comme il est bon de le louer !
Unique est le Seigneur en trois personnes sublimes !

La gloire du Seigneur illumine mon cœur !

Saint Benoît, je sais que je ne m'adresse pas à toi en vain. Mon désir d'aimer participe de ma foi, Toi qui bénis, veille sur ma volonté. Ici et maintenant, j'erre dans l'obscurité : Dieu a fait l'homme et la femme pour qu'ils vivent ensemble. Ta bienveillance, je le sais, me conduira vers le bon choix. Exauce mon vœu, donne-moi la pureté.

Par la grandeur de ta sainteté sublime, auguste saint Benoît, tu nous as donné l'exemple de la ferveur humaine ! Inspire mon désir d'aimer l'autre en Dieu !

Ne me laisse pas dans la solitude et dans la vanité d'une vie sans partage ! Et considère avec moi que Dieu a voulu que l'homme et la femme soient unis pour la perpétration régulière de la foi, de l'amour, et par le Christ, notre Sauveur !

Ainsi les amours humaines seront en Dieu, par Dieu et pour Dieu ! Unique est le Seigneur !

Comme il est juste, comme il est bon de le louer !
Unique est le Seigneur en trois personnes sublimes !

La gloire du Seigneur illumine mon cœur !

Ainsi soit-il.

Trois prières à saint Benoît pour la conversion des impies

Oui, Dieu brisera la tête de ses ennemis,
Le sommet de la tête de ceux qui vivent dans le péché...
Psaume, 68, 22.

Vaste problème, et pourtant crucial !

Première prière

Il prend la lumière dans sa main,
Il la dirige contre ses adversaires.
Il s'annonce par un grondement ;
Les troupeaux pressentent son approche.
Job, 36, 32-33.

Saint Benoît est sensible aux prières sincères. En l'invoquant nous pourrons certainement venir en aide à ceux qui n'ont pas trouvé le chemin du salut.

Vénérable saint Benoît,
Des âmes désemparées errent par ce monde.

Saint Benoît,
Priez pour ceux,
De toute nation,
Qui n'ont pas encore rencontré le Seigneur !

Des esprits inquiets ne savent plus que penser.
Saint Benoît,
Priez pour ceux,
De toute nation,
Qui n'ont pas encore rencontré le Seigneur !

Le désespoir accompagne le péché.

Saint Benoît,
Priez pour ceux,
De toute nation,
Qui n'ont pas encore rencontré le Seigneur !

Le désabus a remplacé la foi.

La violence ne laisse plus guère de place à l'amour, ni au respect de Dieu.

Saint Benoît,
Priez pour ceux,
De toute nation,
Qui n'ont pas encore rencontré le Seigneur !

Benoît a su convaincre les païens les plus endurcis.

Saint Benoît,
Priez pour ceux,
De toute nation,
Qui n'ont pas encore rencontré le Seigneur !

Deuxième prière

> L'Éternel est dans son Saint Temple.
> Que toute la terre fasse silence devant lui.
> *Habakuk,* 2, 20.

Vous qui vivez sans lumière divine, sans la chaleur sacrée du Christ, notre Seigneur
Qu'importent vos erreurs et votre opposition.
Dans la misère du cœur, saint Benoît saura lire l'espoir d'une foi pure et la fidélité.
Il vous suffira d'un repentir sincère.
Vous qui ne craignez pas la justice divine.
Qu'importent vos erreurs et votre opposition.

Dans la misère du cœur, saint Benoît saura lire l'espoir d'une foi pure et la fidélité.
Il vous suffira d'un repentir sincère.
Vous dont la vie n'est faite que de vice ou de crimes,
Qu'importent vos erreurs et votre opposition.
Dans la misère du cœur, saint Benoît saura lire l'espoir d'une foi pure et la fidélité.
Il vous suffira d'un repentir sincère
Vous dont les jours s'écoulent dans la lubricité,
Qu'importent vos erreurs et votre opposition.
Dans la misère du cœur, saint Benoît saura lire l'espoir d'une foi pure et la fidélité.
Il vous suffira d'un repentir sincère
Vous qui implorez des idoles fallacieuses,
Qu'importent vos erreurs et votre opposition.
Dans la misère du cœur, saint Benoît saura lire l'espoir d'une foi pure et la fidélité.
Vous dont le cœur est sec.
Qu'importent vos erreurs et votre opposition.
Dans la misère du cœur, saint Benoît saura lire l'espoir d'une foi pure et la fidélité.
Il vous suffira d'un repentir sincère.

Troisième prière

> Celui qui aime la correction aime la science ;
> Celui qui hait la réprimande est stupide.
> *Proverbes*, 12, 1.

Daignez, ô saint Benoît, regarder l'injuste, l'impur et l'infidèle, daignez considérer l'idolâtre, le souillé. Daignez prier pour ceux qui sans humilité défient la vraie foi et vilipendent la Loi divine. Daignez, ô saint Benoît, leur offrir la lumière d'une croyance forte en Dieu Tout-Puissant.
Amen.

Invocation à saint Benoît pour qu'il nous protège des menées sournoises du Diable

Alors, Job se leva, déchira son manteau et se rasa la tête ; puis, se jetant par terre, il se prosterna et dit : je suis sorti nu du sein de ma mère et nu je retournerai dans le sein de la terre.
L'Éternel a donné et l'Éternel a ôté ; que le nom de l'Éternel soit béni.
En tout cela, Job ne pécha point et n'attribua rien d'injuste à Dieu.
Le Livre de Job, 1, 20.

N'oublions pas que le Diable n'est pas assez sot pour se dévoiler, pour se montrer clairement. Ses menées sont sournoises, insidieuses, sa rue est fort habile et les chemins de sa volonté néfaste sont sinueux. Sa manœuvre la pire et la plus efficace consiste à nous faire croire qu'il n'existe même pas !

Première prière

C'est par la grâce que vous êtes sauvés, par le moyen de la foi.
Deuxième Épître de saint Paul aux Ephésiens, 2 :8.

Lorsque le Diable nous tente, il convient de réaffirmer haut et fort la foi qui nous habite. On récitera donc le plus souvent possible : « Je crois en Dieu, Créateur du Ciel et de la terre ... » etc.
L'affirmation de la foi chrétienne horripile le Malin. Et lorsqu'on s'y emploie d'une façon décidée, cela suffit souvent à le faire renoncer à ses projets monstrueux.

SATAN est parfois muet, impassible, silencieux et sa méchanceté n'en est que plus cruelle.
Louons le nom du Seigneur et celui de Marie qui fut Sa Sainte Mère.
Le MAL cédera devant la prière sincère.
Allons vers Dieu, le cœur contrit, et le péché ne nous tentera plus.

Ô saint Benoît, je t'honorerai de toute la puissance de mon âme parce par toi la miséricorde divine rayonnera sur ma faiblesse humaine.
SATAN est souvent calme, impassible et discret, mais sa férocité demeure aux aguets.
Louons le nom du Seigneur et celui de Marie qui fut Sa Sainte Mère.
L'ENNEMI nous fuira si nous savons prier.
Ô saint Benoît, je t'honorerai de toute la puissance de mon âme parce par toi la miséricorde divine rayonnera sur ma faiblesse humaine.
SATAN, dans le silence, frappe aux portes de nos âmes : jamais il ne se lasse de tenter, de tromper pour contrecarrer la volonté de Dieu.
Louons le nom du Seigneur et celui de Marie qui fut Sa Sainte Mère.
SATAN nous maudira mais Dieu nous sauvera.
Ô saint Benoît, je t'honorerai de toute la puissance de mon âme parce par toi la miséricorde divine rayonnera sur ma faiblesse humaine.

Deuxième prière

> Ne jugez point, et vous ne serez point jugés ; ne condamnez point, et vous ne serez point condamnés ; absolvez, et vous serez absous.
> *Évangile* selon saint Luc, 6, 37.

Les légendes nous montrent le Diable sous bien des aspects, parfois séduisants. Méphistophélès, par exemple, nous distrait dans la Damnation de Faust. D'autres démons parcourent les légendes, la littérature... Nous pouvons y prendre plaisir. Mais... attention !

Zélé serviteur du Seigneur, ô Benoît, renforce mon ardeur devant la tentation !
Oublie ma faiblesse et mon indignité,
Benoît, c'est en toi que mon espoir réside.
Prends pitié de mon âme que le Démon assaille,
Il déploie toute sa ruse et sa méchanceté !
Ne permet pas qu'il puisse détruire en mon âme,
Et ma foi, mon amour, et ma sincérité.
Zélé serviteur de la foi, ô Benoît, renforce mon ardeur devant la tentation !

Oublie ma faiblesse et mon indignité,
Benoît, c'est en toi que mon espoir réside.
Benoît, mon grand espoir, secoures le pécheur !
Il n'y a pas de faiblesse que tu ne puisses comprendre.
Ta bonté et ta science te font connaître le cœur
Et l'âme qui, éplorée se tourne vers le Seigneur.
Zélé serviteur de la foi, ô Benoît, renforce mon ardeur devant la tentation !
Oublie ma faiblesse et mon indignité,
Benoît, c'est en toi que mon espoir réside.

Troisième prière

> Sur ma couche, la nuit, j'ai cherché
> Celui que mon cœur aime,
> Je l'ai cherché mais je ne l'ai point trouvé,
> Avez-vous vu celui que mon cœur aime ?
> *Cantiques des Cantiques,* III, 1-3.

Le Diable est retors : nous ne sommes pas de taille.
Saint Benoît, par sa sagacité, a su en triompher. Il nous aidera grandement.

La rançon du péché c'est la déréliction. Le salaire d'une faute c'est l'angoisse infinie. La tentation nous nuit, nous effare, nous poursuit.

Saint Benoît, intercédez pour nous auprès du Seigneur,
Qui d'autre que le Christ pourra nous secourir ?
C'est par la Parole même du Seigneur Jésus-Christ que nous trouverons la force de résister aux tentations délétères *Vade retro, Satanas*[36]

Dans la nuit du Mal nous sommes tout tremblants : il suffit de si peu pour se laisser aller. Imaginons l'enfer et son séjour cruel, avec les yeux de l'âme et la terreur du corps.

Saint Benoît, intercédez pour nous auprès du Seigneur,
Qui d'autre que le Christ pourra nous secourir ?
C'est par la Parole même du Seigneur Jésus-Christ que nous trouverons la force de résister aux tentations délétères, Vade retro, Satanas !

Louons Dieu en contemplant les beautés de la terre,
Qu'il a créé,
Ensuite découvrons toutes les beautés célestes.
Honorons Dieu le Père pour mieux y accéder.

Saint Benoît, intercédez pour nous auprès du Seigneur,
Qui d'autre que le Christ pourra nous secourir ?
C'est par la Parole même du Seigneur Jésus-Christ que nous trouverons la force de résister aux tentations délétères, Vade retro, Satanas !

[36] Évangile selon saint Matthieu, IV, 10 et Évangile selon saint Marc, VII, 33.

Prières diverses à saint Benoît

Louez l'Éternel, invoquez son Nom !
Faites connaître parmi les peuples ses hauts faits !
Chantez, chantez en son honneur !
Parlez de toutes ses merveilles !
Glorifiez-vous de son saint nom !
Que le cœur de ceux qui cherchent l'Éternel se réjouisse !
Ayez recours à l'Éternel et à son appui !
Cherchez continuellement sa face !
Souvenez-vous des prodiges qu'il a faits
De ses miracles et des jugements de sa bouche.
Psaumes 105, 1, 5.

Prière de Sa Sainteté le Pape Jean-Paul II en l'honneur de saint Benoît

Le Saint Père a écrit un grand nombre de prières, qui, toutes, expriment l'allégresse de sa foi... Il vénérait particulièrement saint Benoît, le Père de l'Europe dont il était l'un des plus chauds partisans.

Ô saint Patriarche, nous vous invoquons : levez vos bras paternels largement ouverts vers la Très Sainte Trinité et priez pour le monde, pour l'Église, et particulièrement pour l'Europe, pour votre Europe dont vous êtes le patron céleste : pour que celle-ci n'oublie pas, ne refuse pas, ne rejette pas l'extraordinaire trésor de la foi chrétienne qui, pendant des siècles a animé et fécondé l'histoire et le progrès moral, civil, culturel, artistique de ses différentes nations ; que, par la vertu de sa matrice chrétienne, elle soit porteuse et génératrice d'unité et de paix parmi les peuples du continent et ceux du monde entier ; qu'elle garantisse à tous ses citoyens la sérénité, la paix, le travail, la sécurité, les droits fondamentaux, comme ceux qui concernent la religion, la vie de famille, le mariage.

Audience Générale de Jean-Paul II, 2003.

Prière d'un Bénédictin

Après le Souverain Pontife, laissons s'exprimer un humble... Il s'agit de la simple oraison d'un moine anonyme, cette prière, dans sa grande clarté, ne peut que nous émouvoir !

Saint Benoît
Demande à ceux
Qui ont la responsabilité des outils,
Des vêtements, du matériel du monastère,
De la gestion des choses, non pas d'être des spécialistes,
Des bibliophiles, des collectionneurs,
Des organisateurs, de bons magasiniers...
Mais des moines éprouvés
Par leur formation monastique.
Car les responsables ne sont pas là
D'abord pour gérer les choses,
Mais pour servir leurs frères avec les choses
Dont le but est de mettre en relation les usagers
Et ceux qui les gèrent.
Ces choses n'ont pas de valeur en elles-mêmes
Mais dans la mesure où elles mettent en communion.
Saint Benoît dit que tout,
Aussi bien les outils du jardin
Que les ustensiles de cuisine doivent être respectés
Comme les vases sacrés de l'autel,
Parce que, comme eux, ils sont là
Pour mettre les frères en communion
Les uns avec les autres.

Un moine bénédictin

Trois litanies pour saint Benoît

Litanie

La Litanie est une poésie célébratrice et jubilatoire à refrain « anaphorique », autrement dit : répétitif.

> L'insistance dans l'invocation donne lieu à la répétition, et la répétition d'une invocation donne lieu à la litanie[37]

L'insistance : on ne déclare jamais assez sa Foi, on ne se nourrit jamais assez du pain de vie. Notre désir de Dieu se plaît à cette lente formulation qui permet au parfum des mots de nous mieux imprégner tandis qu'on en incorpore par la voix, toutes les significations, tous les sens, toutes les facettes et conséquences.

La Litanie, comme l'invocation, est aussi prononciation : on ne déclame jamais assez la Foi, et chaque mot doit être ressenti comme s'il s'agissait d'un objet concret, d'une nourriture que l'on mâche et savoure. La litanie est nourriture, absorption sonore, incorporation réitérée d'un message sacré que l'on reçoit tout autant qu'on l'émet : on fait corps avec l'Appel.

Première litanie

> Que la grâce de notre Seigneur Jésus-Christ soit avec vous tous ! Amen !
> *Apocalypse*, 21, 21.

Protège-moi,
Ô saint Benoît
Et dans mon âme silencieuse
L'espoir refleurira.

[37] Gino Stefani, *L'Acclamation de tout un peuple*, 1967.

Au cours des saisons
Qui défilent tour à tour !

Protège-moi,
Ô saint Benoît
Durant les semaines
Roulant le flot du temps,
Comme dans la brièveté
De chacun de mes jours.

Protège-moi,
Ô saint Benoît,
Donne-moi la plénitude
De la Candeur et de la Pureté.

Protège-moi,
Ô saint Benoît,
Quand tout soudain s'efface
Au trait de l'horizon,
Et que mes yeux se perdent
Dans la brume lointaine
Du désespoir
Et de la déréliction.

Protège-moi,
Ô saint Benoît,
Dieu t'a fait saint pour ta bonté.
Protège-moi,
Ô saint Benoît,
Quand chacun de mes jours
Me devient un désert,
Quand le soleil pâlit
Et que faiblit ma foi.

Protège-moi,
Ô saint Benoît
Des tentations frivoles
Et du Mal omniprésent.

Protège-moi,
Ô saint Benoît,
C'est par toi
Que je serai réconcilié
Avec la vie,
Avec Le Père,
Le Fils
Et le Saint Esprit.

Ainsi soit-il.

Deuxième litanie

> Oui, tu es ma lumière, ô Éternel !
> *Samuel*, 22, 29.

Classique parmi les classiques, voici une litanie fort connue ! Elle a fait ses preuves, reprise par des foules de chrétiens !

Seigneur, ayez pitié de nous
Jésus-Christ, ayez pitié de nous
Seigneur, ayez pitié de nous
Jésus-Christ, écoutez-nous
Dieu le Père, du haut des cieux, ayez pitié de nous
Dieu le Fils, Rédempteur du monde, ayez pitié de nous
Dieu le Saint Esprit, ayez pitié de nous
Trinité Sainte, qui êtes un seul Dieu, ayez pitié de nous

Sainte Marie, priez pour nous
Saint Père Benoît, priez pour nous

Saint Benoît, Gloire des Patriarches, priez pour nous
Saint Benoît, Rédacteur de la Sainte Règle, priez pour nous
Saint Benoît, Image de toutes les vertus, priez pour nous
Saint Benoît, exemple de perfection, priez pour nous
Saint Benoît, perle de sainteté, priez pour nous
Saint Benoît, soleil resplendissant dans l'Église du Christ, priez pour nous
Saint Benoît, étoile brillante dans la maison du Seigneur, priez pour nous
Saint Benoît, inspirateur de nombreux saints, priez pour nous
Saint Benoît, séraphin de feu, priez pour nous
Saint Benoît, chérubin métamorphosé, priez pour nous
Saint Benoît, auteur de merveilles, priez pour nous
Saint Benoît, vainqueur des démons, priez pour nous
Saint Benoît, modèle des Cénobites, priez pour nous
Saint Benoît, vous qui avez déraciné les idoles, priez pour nous
Saint Benoît, honneur des confesseurs de la foi, priez pour nous
Saint Benoît, consolateur des âmes, priez pour nous
Saint Benoît, vous qui nous aidez dans la souffrance, priez pour nous
Saint Père Benoît, priez pour nous

Agneau de Dieu, qui enlèves les péchés du monde, pardonne-nous, Seigneur
Agneau de Dieu, qui enlèves les péchés du monde, exauce-nous, Seigneur
Agneau de Dieu, qui enlèves les péchés du monde, prends pitié de nous, Seigneur

Troisième litanie

> Vous avez été édifiés sur le fondement des apôtres et des prophètes. Jésus-Christ lui-même étant la pierre angulaire. En lui tout l'édifice bien coordonné s'élève pour être un temple saint dans le Seigneur. En lui, vous êtes aussi édifiés pour être une habitation de Dieu dans l'Esprit.
> *Épître* de saint Paul aux Ephésiens, 1, 20-22.

Protège-moi, ô saint Benoît
Et dans mon âme silencieuse l'espoir refleurira
Au cours des saisons qui défilent tour à tour
Protège-moi, ô saint Benoît
Durant les semaines roulant le flot du temps,
Comme dans la brièveté de chacun de mes jours.
Protège-moi, ô saint Benoît,
Donne-moi la plénitude de la Candeur et de la Pureté.
Protège-moi, ô saint Benoît,
Quand tout soudain s'efface au trait de l'horizon,
Et que mes yeux se perdent dans la brume lointaine
Du désespoir et de la déréliction.
Protège-moi, ô saint Benoît,
Dieu t'a fait saint pour ta bonté.
Protège-moi, ô saint Benoît,
Quand chacun de mes jours me devient un désert,
Quand le soleil pâlit et que faiblit ma foi.
Protège-moi, ô saint Benoît
Des tentations frivoles et du Mal omniprésent.
Protège-moi, ô saint Benoît,
C'est par toi que je serai réconcilié avec la vie,
Avec Le Père, le Fils et le Saint-Esprit.
C'est l'ignorance de Dieu qui fait fuir la foi.
C'est l'inculture de l'âme qui nous rend impie.
Donne-moi, saint Benoît,
Le désir sans faiblesse de la juste connaissance
Du Seigneur et des mystères divins
À ton exemple, saint Benoît,
Nous ouvrirons notre cœur autant que notre intelligence
À la Connaissance de Dieu.
Nous réfléchirons aux glorieux épisodes de ta sainte vie
Et, par ton intercession, nous deviendrons meilleurs.
Ainsi soit-il !

Bénédiction de la Médaille de saint Benoît

> Le chemin du juste est la droiture.
> *Isaïe*, 26, 7.

La médaille de saint Benoît n'est pas forcément faite de matière précieuse, d'or ou d'argent ! On la trouve à bon marché, et le fait de la porter constitue une protection durable !

Je t'exorcise par Dieu le Père Tout-Puissant, qui a fait le ciel et la terre, la mer et tout ce qu'ils renferment : Que toute puissance de l'ennemi, toute force armée du diable, toute incursion et tout fantasme de Satan soient arrachés et chassés de cette médaille, afin qu'à tous ceux qui s'en serviront, elle procure le salut de l'âme et du corps. Au nom du Père Tout-Puissant, de Jésus-Christ Notre Seigneur et de l'Esprit Saint Consolateur, dans l'amour de ce même Seigneur Jésus-Christ, qui viendra juger les vivants et les morts et fera passer le siècle par le feu. Amen.

Prions.

Dieu Tout-puissant, dispensateur de tout bien, nous vous supplions instamment, par l'intermédiaire de (Notre Père) saint Benoît, de répandre votre bénédiction sur cette médaille, afin que tous ceux qui la porteront et s'appliqueront aux bonnes œuvres méritent d'obtenir la santé de l'âme et du corps, la grâce de la sanctification, et les indulgences qui nous ont été concédées; qu'ils puissent, avec le secours de votre miséricorde, échapper à toutes les embûches et tromperies du démon, et se présenter un jour, saints et sans tache, devant votre Face. Par le Christ, Notre Seigneur. Amen.

Saint Benoît, toi, le patron de l'Europe, toi qui as été un artisan de paix, regarde ces 25 pays qui ont contracté un lien de communauté.

Qu'au-delà des enjeux temporels, ils tissent entre eux des liens spirituels, qu'ils s'appuient sur la diversité de leurs cultures pour promouvoir le développement des hommes.

Qu'ils volent au secours de la paix en ces temps de nouveau déchirés par des guerres fratricides.

Prière de protection

Pour ce qui concerne les dons spirituels, je ne veux pas, frères, que vous soyez dans l'ignorance.
Saint Paul, I, *Corinthiens,* 12.

Seigneur Dieu Tout-Puissant, Père, Fils et Saint Esprit, daignez nous accorder le soutien de l'inspiration de votre saint serviteur saint Benoît, afin qu'il accorde à notre âme la force de répondre aux tentations du démon, en actes, en paroles et en pensées par cette sainte conjuration: *Vade Retro Satana! Nunquam Suade Mihi Vana Sunt Mala Quae Libas Ipse Venena Bibas*. Et qu'ainsi, Seigneur, préservés des prestiges du prince de ce monde, opus soyons toujours à l'écoute de votre parole et marchions sans cesse selon vos voies.
Saint Benoît, père de tous les moines d'Occident, priez pour nous !

Hymne pour la fête de saint Benoît

> Toutes les prières du monde,
> S'associeront selon
> L'ordre voulu par Dieu ;
> Elles créeront ainsi
> Le Bouquet de charité,
> Éternellement.
> Saint Bernard de Rousies, *Epistulae,* 2, 4-5.

À la suite de saint Benoît
Vivre à Dieu seul
Et se tenir en sa présence,
Tout quitter pour atteindre la paix,
Choisir le silence
Pour être disciple aux aguets
D'un mot, d'un ordre.
Fuir au désert
Mais rassembler dans la louange,
Consentir à toujours commencer,
Traduire en patience
Le désir du Royaume,
Pouvoir être trahi sans cesser
De croire aux hommes.
Voir l'univers
À sa mesure véritable
L'univers comme un point lumineux,
Léger grain de sable
Que l'amour transfigure,
Savoir que toute chose est en Dieu
Précieuse et pure.
Craindre sans peur
Dans l'abandon de tout son être,

N'avoir rien de plus cher que le Christ,
Servir le seul Maître
Dont le joug rende libre
Ainsi, dans la douceur de l'Esprit,
Benoît se livre.

Prière

Bienheureuse, je serai sous le signe du Seigneur ! Il est ma joie, mon allégresse !
Toujours il m'enchante et me réconforte, Et je chante ses louanges avec délectation.
Sœur Sabine de Vervins, *Dieu est mon guérisseur*, 2002.

Saint Benoît,
Toi à qui Dieu a donné le pouvoir de chasser les démons,
Viens à notre secours dans ce monde où triomphe le mal
Semé, répandu, attisé par l'ennemi du Christ
Pour lui arracher les âmes rachetées au prix du sang divin.

Saint Benoît,
Nous t'en prions, par la grâce de Dieu
Réveille la conscience aux responsables,
Afin qu'ils respectent et défendent la dignité humaine.
Demande pour nous la conversion de nos cœurs,
Afin que nous comprenions la malice du péché.
Protège-nous des ruses et des pièges de Satan et de ses suppôts.
Protège, Ô grand Saint, les agneaux, les brebis
Et le pasteur de l'Église du Christ.
Prie afin que renaissent dans l'esprit et le cœur de l'homme,
Un peu de vraie sagesse et le respect de la loi d'amour du Père.
Avec la Vierge Marie que tu as tellement honorée et priée sur cette Terre,
Intercède pour nous auprès du Tout-Puissant.
Que vienne enfin l'heure de la purification et du salut du monde.
Saint Benoît, prie pour nous.

TROISIÈME PARTIE

Les sources

La vie de saint Benoît nous est principalement connue par ce qu'en a écrit saint Grégoire. Nous avons déjà pu comprendre l'importance de ce saint, qui fut pape et qui est docteur de l'Église. Ce Romain d'origine aisée devint préfet de la ville. En 575, ayant renoncé à ses charges et à sa fortune, il fonda un monastère. Il y devint moine sous la règle bénédictine. On doit à saint Grégoire de nombreuses lettres, homélies, dialogues et traités de pastorale. Il est à l'origine d'une réforme liturgique et le chant dit "grégorien" porte son nom.
Parmi ses nombreux travaux, saint Grégoire le Grand nous a rédigé une vie de saint Benoît de Nurcie au livre II de ses Dialogues sur les miracles des pères.

Dialogues du Pape saint Grégoire le Grand sur les miracles des Pères d'Italie[38]

EXTRAIT DE L'INTRODUCTION

1. Un beau jour, alors que je me sentais oppressé par le tumulte des affaires séculières, car nous sommes bien forcés de nous y plonger pour les résoudre, ce qui, certes, ne relève pas du devoir de notre

[38] Traduction de Christophe Masson.

charge, je me retirai dans un endroit secret confident de mes peines, où tout ce qui me déplaisait dans mes occupations m'apparaîtrait ouvertement, et où toutes les affaires qui m'infligent une continuelle douleur pourraient librement se rassembler devant mes yeux.

2. J'étais là depuis longtemps, assis et prostré dans mon silence : arrive alors mon très cher fils le diacre Pierre ; depuis la fleur de sa jeunesse, il s'est attaché à moi comme à sa famille, par des liens amicaux, et il est devenu mon compagnon pour scruter la parole sacrée. Voyant que mon cœur se consumait de tristesse, il me dit : "Est-il donc arrivé quelque chose de nouveau, que tu sois tenaillé par le chagrin plus qu'à l'ordinaire ?"

3. À quoi je répondis : cette peine, Pierre, dont je souffre quotidiennement m'est toujours ancienne par un long usage, et toujours nouvelle parce qu'elle augmente.

4. Parfois, pour augmenter encore ma douleur, me revient en mémoire la vie de ceux qui ont quitté de tout leur cœur le siècle présent : regardant le sommet où ils sont parvenus, je prends encore davantage conscience des bas-fonds où je gis. La plupart ont plu à leur Créateur en menant une vie retirée, et pour que l'usure des affaires humaines ne ternisse pas leur fraîcheur d'âme, le Dieu tout-puissant n'a pas voulu qu'ils soient employés aux labeurs de ce monde.

5. Mais maintenant, je me ferai mieux comprendre si je distingue questions et réponses en mettant devant le nom de chacun. Pierre : Je n'en connais pas beaucoup en Italie dont la vie ait brillé par les miracles.

6. Grégoire : Si je me contentais de raconter les seuls exemples d'hommes parfaits et éprouvés que moi, pauvre petit homme, j'ai appris de témoins bons et fidèles, le jour tomberait, je pense, avant que ne cesse mon récit.

LIVRE SECOND

De la vie et des miracles du saint abbé Benoît.

Introduction

I Le vase brisé ;
II La Tentation ;
III Le Vase de verre brisé par un signe de Croix ;
IV Dc la convcrsion d'un moine instable ;
V La source jaillie du rocher ;
VI L'outil perdu et retrouvé ;
VII Son disciple Maur marche sur les eaux ;
VIII Les embûches de Florentius ;
IX La pierre soulevée à la prière du Saint ;
X La cuisine en feu ;
XI Un moine enfant tombe d'un mur et se relève aussitôt, indemne ;
XII Des moines qui avaient mangé hors du monastère ;
XIII Un pieux laïc se laisse aller à manger en route ;
XIV La supercherie de Totila démasquée ;
XV Totila (suite) : Prophéties faites à Totila ainsi qu'à l'évêque de Canuse ;
XVI Benoît et le clerc tourmenté par le démon ;
XVII Benoît prédit la ruine de son monastère ;
XVIII Le recel de la fiasque de vin ;
XIX Le cadeau dissimulé.

Introduction

01. Il y eut un homme de sainte vie, Benoît, béni par la grâce et par le nom. Dès le temps de sa jeunesse, il portait en lui un cœur digne de celui d'un vieillard : dépassant son âge par ses mœurs, il ne livra son âme à aucune jouissance, mais alors qu'il vivait encore sur cette terre et qu'il avait la possibilité d'en user librement pour

un temps, il méprisa d'emblée le monde avec sa fleur comme un sol aride. Issu d'une très bonne famille libre de la province de Nursie, on l'envoya à Rome pour s'y livrer à l'étude libérale des lettres. Mais il s'aperçut que c'était l'occasion pour beaucoup de tomber dans l'abîme des vices: aussi – pour ainsi dire – à peine avait-il mis les pieds dans le monde qu'il les retira, de peur que, pour avoir pris quelque contact avec ladite science, il ne soit en contrepartie précipité tout entier dans l'abîme. Méprisant donc l'étude des lettres, il se mit en quête d'un genre de vie sainte. Aussi se retira-t-il, savamment ignorant et sagement inculte.

02. Je n'ai pas pris connaissance de toutes ses actions, mais le peu que je raconte, je le tiens de quatre de ses disciples: Constantin, un saint homme, qui lui a succédé dans le gouvernement de son monastère ; Valentinien qui, pendant de longues années, fut à la tête de celui du Latran ; Simplicien qui fut le troisième à diriger la communauté après lui; Honorat, enfin, qui gouverne encore le petit monastère où il vécut tout d'abord.

I – Le vase brisé

01. Ayant donc abandonné l'étude des lettres, il avait décidé de gagner le désert, et sa nourrice qui l'aimait passionnément fut seule à le suivre. Comme ils étaient arrivés à un endroit qu'on appelle Effide et que plusieurs personnages fort honorables les retenaient charitablement, ils séjournèrent dans l'église saint Pierre. La dite nourrice ayant demandé à ses voisines un crible pour purifier le grain, elle le laissa imprudemment sur la table: il vint à tomber, se brisa, et le voilà en deux morceaux ! À son retour, dès qu'elle le vit dans cet état, la nourrice se mit à pleurer à chaudes larmes en voyant que le crible qu'elle avait emprunté était maintenant brisé.

02. C'est alors que Benoît, qui était un enfant religieux et dévoué, voyant sa nourrice en larmes, fut ému de compassion: il emporta les morceaux du crible et se mit à prier en pleurant. Sa prière ache-

vée, il se releva et découvrit à ses côtés le vase en bon état au point qu'on ne pouvait y voir aucune trace de l'accident. Alors aussitôt, il consola sa nourrice avec tendresse et lui remit en bon état le crible qu'il avait emporté en morceaux. La chose fut connue de tout le monde dans le pays et elle suscita une telle admiration que les gens du coin accrochèrent l'objet à l'entrée de l'église afin que tous, présents et à venir, apprennent à quel degré de perfection se trouvait le jeune Benoît, à peine avait-il reçu la grâce de conversion. Pendant bien des années, l'objet demeura là, sous les yeux de tous, suspendu à l'entrée de l'église, et cela jusqu'à l'époque des Lombards.

03. Mais Benoît, plus désireux de souffrir les maux du monde que ses louanges, de se fatiguer dans les travaux de Dieu plus que d'être promu aux faveurs de cette vie, quitta sa nourrice en secret et gagna une retraite située dans un lieu désert appelé Subiaco à quelques 40 milles de Rome: de là émanent des eaux fraîches et transparentes lesquelles, grâce à leur abondance, forment au début un grand lac qui, à la fin, poursuivent leur chemin en rivière.

04. Alors que dans sa fuite, il était parvenu à cet endroit, un certain moine, du nom de Romain le découvrit en train de marcher et lui demanda où il allait. Ayant pris connaissance de son désir, d'une part il garda le secret, d'autre part il lui accorda son aide, lui donnant l'habit de sainte vie et lui rendit tous les services qu'il était en droit de lui rendre. Parvenu à ce lieu, l'homme de Dieu, quant à lui, gagna une grotte très exiguë où, pendant trois ans, il demeura inconnu des hommes, à l'exception du moine Romain.

05. Ce Romain vivait non loin de là dans un monastère sous la règle du Père Adéodat, mais il dérobait pieusement des heures aux yeux de son Père, et le pain qu'il pouvait soustraire à sa propre portion, il le portait, certains jours, à Benoît. Il n'y avait pas de chemin de la grotte au monastère de Romain, car un rocher très élevé la

surplombait. Cependant, du haut de ce rocher, Romain avait l'habitude de descendre le pain à l'aide d'une très longue corde sur laquelle il avait mis une petite sonnette attachée par une ficelle afin qu'en entendant la clochette, l'homme de Dieu soit averti que Romain lui apportait du pain : alors il sortait pour le prendre. Mais l'antique ennemi, jaloux de la charité de l'un et du repas de l'autre, voyant un jour qu'on faisait descendre le pain, jeta une pierre et brisa la sonnette. Romain cependant n'en continua pas moins de le servir en usant de moyens adéquats.

06. Mais le Dieu tout-puissant résolut désormais que Romain se reposerait de son labeur et que la vie de Benoît serait offerte en exemple aux hommes afin que brille la lumière posée sur le chandelier pour tous ceux qui sont dans la maison. Il daigna apparaître en vision à un prêtre qui demeurait un peu plus loin et il lui dit : " Toi, tu te prépares un délice et mon serviteur, en ce lieu, est torturé par la faim ". Il se leva incontinent, en cette même solennité de Pâques, avec les aliments qu'il s'était préparés, il se dirigea vers l'endroit et se mit en quête du serviteur de Dieu à travers les monts abrupts, les vallées encaissées et les terres défoncées ; il le trouva enfin qui se cachait dans la grotte.

07. La prière faite et après avoir béni le Seigneur, ils s'assirent et ils échangèrent de doux entretiens sur la Vie. Après quoi, le prêtre qui était venu dit : " Lève-toi et prenons de la nourriture car c'est Pâques aujourd'hui ". À quoi l'homme de Dieu répondit : " Je sais que c'est Pâques puisque j'ai mérité de te voir ". En effet, demeurant loin des hommes, il ignorait qu'en ce jour, c'était la solennité de Pâques. Mais le vénérable prêtre affirma de nouveau : " En toute vérité c'est aujourd'hui le jour pascal de la Résurrection du Seigneur. Il ne te convient nullement de faire abstinence. Et c'est pour ceci que j'ai été envoyé : pour que nous prenions ensemble les dons du Seigneur tout-puissant ". Alors, ayant béni Dieu, ils prirent de la nourriture. Et puis, ayant achevé le repas et l'entretien, le prêtre revint à l'église.

08. À la même époque également, des bergers aussi le trouvèrent, se cachant dans la grotte, et comme ils le voyaient couvert de peaux au milieu des fourrés, ils crurent que c'était une bête féroce. Mais ayant reconnu en lui un serviteur de Dieu, beaucoup d'entre eux passèrent d'une mentalité bestiale à la grâce de la piété. C'est pourquoi son nom fut connu dans tout le voisinage, et il advint qu'à partir de ce moment-là, beaucoup se mirent à le fréquenter : on lui apportait de la nourriture pour le corps, et on remportait, sortis de sa bouche, des aliments pour son propre cœur.

II – La tentation

01. Un certain jour, alors qu'il était seul, le tentateur se trouva là. Un petit oiseau noir, vulgairement appelé merle, se mit à voleter autour de sa tête et à insister avec importunité près de son visage à tel point qu'on pouvait le prendre à la main, si du moins le saint homme avait voulu le saisir. Mais, sur un signe de croix, l'oiseau s'en alla. Cependant, l'oiseau parti, il s'ensuivit une telle tentation de la chair que jamais l'homme de Dieu n'en avait connu de si grande. En effet, il avait vu une certaine femme autrefois que l'esprit malin lui ramena devant les yeux de l'âme et la beauté de celle-ci alluma un si grand feu dans l'esprit du serviteur de Dieu que la flamme de l'amour pouvait à peine se contenir dans sa poitrine, et déjà, presque vaincu par la volupté, il songeait quitter le désert.

02. Mais, bien vite, sous le regard de la grâce d'en haut, il revint à lui-même et, avisant tout près de lui un fourré épais d'orties et de ronces, il se dépouilla de son vêtement et se jeta tout nu au milieu de ces épines acérées et dans le feu des orties : s'y étant roulé longtemps, il en sortit le corps tout meurtri et grâce à ces blessures de la peau, il fit sortir de sa chair la blessure de l'âme, car la volupté se traduisit en douleur ; en souffrant d'une brûlure externe, il éteignit celle qui le consumait illicitement à l'intérieur.

03. À partir de ce moment-là, et il en témoignait lui-même à ses disciples, la tentation de la volupté fut à ce point domptée en lui qu'il ne ressentit plus jamais rien de tel. Beaucoup dès lors commencèrent à quitter le monde et s'empressèrent de le prendre pour maître. C'est pour cela d'ailleurs que Moïse prescrit que les lévites soient employés comme serviteurs à partir de 25 ans et plus, et comme gardiens des vases sacrés à partir de 50.

04. Pierre : J'ai bien déjà quelque clarté dans l'esprit grâce au témoignage scripturaire que tu invoques mais je demande une plus complète explication.

Grégoire : Il est clair que dans la jeunesse, Pierre, la tentation charnelle est ardente, mais à partir de 50 ans, la chaleur du corps diminue. Les vases sacrés, ce sont les âmes des fidèles. Lors donc que les élus (de Dieu) sont encore sujets aux tentations, il est nécessaire qu'ils servent, soient soumis et se dépensent dans les travaux et les obédiences, mais lorsque l'esprit s'apaise avec l'âge et que la chaleur de la tentation s'éloigne, les voilà gardiens des vases sacrés, car ils deviennent docteurs des âmes.

05. Pierre : Franchement, ce que tu dis est bon, mais puisque tu dévoiles le sens caché du témoignage invoqué, je te prie d'aller jusqu'au bout de ce que tu as commencé concernant la vie de ce juste.

III – Le vase de verre brisé par un signe de Croix

01. Grégoire : La tentation s'étant éloignée, l'homme de Dieu, comme dans une terre débarrassée de ses épines, produisit un fruit plus abondant provenant de sa moisson de vertus. C'est pourquoi on célébrait les louanges de sa vie parfaite et son nom devint célèbre.

02. Non loin de là était un monastère : le Père de la communauté venant à mourir, toute la communauté se rendit auprès du vénérable Benoît, lui faisant un devoir de se mettre à leur tête, lequel pendant longtemps différa de leur donner satisfaction en leur

opposant son refus et en leur prédisant qu'il ne pourrait s'accommoder de leurs mœurs ni de celles de leurs frères ; mais un jour enfin, vaincu par leurs prières, il leur donna son assentiment.

03. Néanmoins, comme il prenait garde à la vie régulière dans le monastère et qu'il n'accordait licence à personne comme auparavant de poser des actes illicites en déviant à droite ou à gauche du droit chemin, les frères ainsi repris, devenus fous de colère, commencèrent à se faire des reproches mutuels parce qu'ils avaient demandé que cet homme soit à leur tête, car il était clair que leur vie tordue venait buter contre ses normes de droiture. Et comme ils voyaient qu'avec lui l'illicite n'était plus licite, qu'ils s'affligeaient d'abandonner leurs habitudes et qu'enfin il était dur pour un esprit vieilli d'être contraint d'envisager la nouveauté, car la vie des bons est toujours un poids pour les dépravés, ils s'appliquèrent à rechercher ensemble un bon moyen pour le faire mourir.

04. Lesquels, ayant tenu conseil, mélangèrent du poison au vin. Et comme le récipient de verre contenant ce funeste breuvage avait été présenté au père qui se mettait à table afin qu'il le bénisse selon la coutume du monastère, Benoît étendant la main fit un signe de croix et le récipient qui était tenu à distance se brisa à ce signe : le vase de la mort fut mis en pièces comme s'il avait reçu une pierre au lieu du signe de croix. Benoît comprit tout de suite qu'il avait contenu un breuvage de mort puisqu'il n'avait pu supporter le breuvage de vie, et, se levant aussitôt, avec un visage placide et un esprit tranquille, il s'adressa aux frères qu'il avait convoqués en leur disant : "Que le Dieu Tout-puissant ait pitié de vous, frères ! Pourquoi avez-vous essayé de perpétrer une telle chose à mon endroit ? Ne vous avais-je pas dit dès le début que vos mœurs ne pourraient s'accommoder avec les miennes ? Allez donc et trouvez-vous un père selon vos mœurs, car après cela, vous ne pouvez plus du tout compter sur moi."

05. Il revint alors au lieu de sa chère solitude et, seul sous le regard de Celui qui voit d'en-haut, il habita avec lui-même.

Pierre : Je ne vois pas très clairement en quoi consiste habiter avec soi-même.

Grégoire : Si le Saint avait voulu continuer à tenir de force sous sa direction des individus unanimes à conspirer contre lui et menant une vie totalement dissemblable avec la sienne, sans doute cela aurait excédé ses forces et bouleversé son genre de vie paisible ; cela aurait détourné l'œil de son âme de la lumière de la contemplation ; en se fatiguant à les corriger, il aurait moins bien veillé sur lui : alors il se serait peut-être perdu lui-même sans pour autant les trouver, eux. En effet, à chaque fois que par une présomption excessive nous sommes tirés hors de nous-mêmes, nous "sommes", mais nous ne sommes pas "avec nous-mêmes", car on ne se regarde plus guère mais on se fourvoie dans ces activités aliénantes.

06. Peut-on dire qu'il était avec lui-même, celui qui est parti vers une contrée lointaine, qui a dévoré la part qui lui était échue, s'est attaché à l'un des concitoyens de l'endroit, a nourri les porcs, les a regardés manger des caroubes et a eu faim ? Mais après un certain temps, il se mit à réfléchir aux biens qu'il avait perdu, et il est écrit de lui : "Faisant retour sur lui-même, il dit : "Nombreux sont les mercenaires dans la maison de mon père qui ont du pain en abondance !" S'il avait déjà "été avec lui", comment serait-il "revenu à lui" ?

07. Si donc j'ai dit que cet homme vénérable avait habité avec lui, c'est parce qu'il veillait sans cesse à sa propre garde, qu'il se voyait toujours sous les yeux de son Créateur, qu'il s'examinait sans cesse lui-même et ainsi il n'a pas avili le regard de son âme en le promenant partout à l'extérieur de lui-même.

08. Pierre : À propos, que dire de l'apôtre Pierre dont il est écrit lorsque l'ange le fit sortir de sa prison : "Revenu à lui, il dit : " Maintenant

je sais vraiment que le Seigneur a envoyé son ange et m'a soustrait à la main d'Hérode et à toute l'attente du peuple Juif" ?"

09. Grégoire : Il y a deux façons, Pierre, d'être "conduit hors de soi" : ou bien par l'abaissement de nos pensées nous rétrogradons en dessous de nous-mêmes, ou bien par la grâce de la contemplation, nous sommes élevés au-dessus de nous. Et ainsi, celui qui a nourri les porcs, par l'égarement de son esprit et la malpropreté de sa vie, est tombé au-dessous de lui-même, mais celui que l'ange a délié et dont il a ravi l'esprit en extase, celui-là s'est bien trouvé "hors de lui", mais c'était "au-dessus de lui". L'un et l'autre sont "revenus à eux", le premier lorsqu'il s'est recueilli dans son cœur en s'éloignant des actions erronées, le second, lorsque, du sommet de la contemplation, il est revenu au sens commun et à son état normal antérieur. Le vénérable Benoît, donc, "habita avec lui" dans sa solitude en ce sens qu'il se maintint lui-même dans le cloître de sa pensée.

10. Pierre : Parfait ce que tu dis ! Mais réponds-moi s'il te plaît : devait-il quitter ses frères une fois qu'il les avait assumés ?
Grégoire : Je pense qu'il faut supporter avec égalité d'âme un groupe de mauvais sujets lorsqu'il s'y trouve quelques-uns de bons qui peuvent être secourus. Mais là où le fruit qu'on peut espérer des bons fait absolument défaut, tout à fait vain est le labeur qu'on entreprendrait, d'aventure, pour ces mauvais sujets surtout si d'autres affaires nous sollicitent à proximité, susceptibles de donner un fruit meilleur pour le Seigneur. Pour lequel d'entre eux le saint homme aurait-il persévéré dans son office de veilleur, alors que tous, comme un seul homme, s'acharnaient contre lui ?

11. Et souvent – on ne doit pas le passer sous silence – il se passe ceci dans l'âme des justes : considérant que leur labeur est infructueux, ils émigrent dans un autre lieu pour y faire un travail qui porte des fruits. Voilà pourquoi, également, ce glorieux héraut de la Bonne

Nouvelle qui désirait "mourir et se trouver avec le Christ" et pour qui "vivre c'était le Christ et mourir un gain", qui, non seulement recherchait pour lui-même le combat et ses souffrances mais encore enflammait les autres du désir d'en supporter de semblables, voilà pourquoi, dis-je, cet homme persécuté à Damas et ayant la possibilité de s'évader, se mit en quête d'une corbeille avec une corde et voulu se faire déposer secrètement au pied de la muraille: Dirons-nous que Paul avait craint la mort alors qu'il déclarait la rechercher pour l'amour de Jésus? En fait, comme il voyait qu'en cet endroit il y avait un maigre fruit pour un grand labeur, il se réserve la possibilité de faire ailleurs un travail fructueux. Le brave combattant de Dieu, se refusant à être circonscrit dans le "cloître" de ces murailles, se mit à la recherche d'un champ de bataille ouvert.

12. Même chose, également pour le vénérable Benoît - et tu le comprendras vite si tu m'écoutes bien - il abandonna, toujours vivant, quelques sujets indociles, pour en relever ailleurs combien d'autres de la mort spirituelle!
Pierre: Que tes dires correspondent à la vérité, cela est évident et le témoignage scripturaire invoqué leur apporte une pleine confirmation, mais, je t'en prie, reviens à la vie d'un tel Père et à la suite de l'histoire.

13. Grégoire: Comme dans cette solitude, le saint homme croissait en vertus et en miracles, beaucoup attirés par lui, se rassemblèrent en ce lieu en vue de servir le Dieu Tout-puissant, si bien qu'il y construisit douze monastères avec l'aide de Jésus-Christ le Seigneur Tout-puissant, dans lesquels il établit douze moines en leur assignant un Père, mais il en garda quelques-uns avec lui, jugeant que sa présence était encore nécessaire pour leur formation.

14. Rapidement, quelques nobles et pieuses personnes de la ville de Rome se mirent à converger aussi vers Benoît et à lui confier leurs

fils pour qu'ils soient nourris sous les auspices du Seigneur Tout-puissant. C'est à ce moment-là qu'Euthicius confia son fils Maur et le patricien Tertullus, son fils Placide: des enfants pleins d'espoir. Le jeune Maur, déjà fort d'une bonne éducation, commença à être un auxiliaire pour son Maître, tandis que Placide avait encore l'âge et le tempérament d'un enfant.

IV – De la conversion d'un Moine instable

01. Dans l'un des monastères qu'il avait construits tout autour se trouvait un certain moine qui ne pouvait tenir en place au moment de la prière. Mais dès que les frères avaient fait l'inclination pour s'adonner à l'œuvre de l'oraison, aussitôt il sortait dehors et, avec un esprit de vagabondage, il s'occupait de choses terrestres et transitoires. Après avoir été bien souvent admonesté par son Abbé, on l'envoya à l'homme de Dieu qui, à son tour, lui adressa de vifs reproches pour son comportement inepte. De retour au monastère, c'est à peine s'il s'en tint pendant deux jours aux admonestations de l'homme de Dieu, car le 3e jour, revenant à ses habitudes, il se mit à rôder partout pendant le temps de l'oraison.

02. Comme la chose était rapportée au serviteur de Dieu par ce même homme qu'il avait établi Père du monastère, il dit: "Je viens, moi, et je le corrige par mes soins." Comme il était arrivé au monastère et que, l'heure venue, la psalmodie finie, les frères s'adonnaient à l'oraison, il vit ce moine qui n'avait pu rester à la prière ; et voilà qu'un petit noiraud le tirait au-dehors par le bord de son vêtement ! Alors, tout bas, il dit au Père du monastère qui s'appelait Pompeïanus et au serviteur de Dieu Maur: "Est-ce que vous ne voyez pas celui qui tire ce moine-là dehors ?" "Non", répondirent-ils. Il leur dit: "Prions pour que, vous aussi, vous voyiez celui que ce pauvre moine est en train de suivre". Après deux jours de prières, le moine Maur le vit, mais Pompeïanus, le Père de ce monastère, n'y arrivait pas.

03. Le lendemain, l'oraison achevée, l'homme de Dieu, sortant de l'oratoire, trouva le moine dehors : il le frappa avec une verge pour guérir la cécité de son cœur. Le moine à dater de ce jour n'eut plus jamais à souffrir des suggestions du démon qui l'entraînait. Mais il demeura immobile, appliqué à son devoir d'oraison et ainsi l'antique ennemi n'osa plus exercer sa domination sur son esprit : comme si c'était lui-même qui avait été atteint par le coup !

V – La source jaillie du rocher

01. Or parmi les monastères qu'il avait construits en cet endroit, il y en avait trois qui étaient situés en hauteur sur des rochers de la montagne et c'était une opération très laborieuse pour les frères que de descendre toujours au lac pour se mettre en devoir de puiser de l'eau, d'autant plus que le flanc abrupt de la montagne constituait un grave danger pour ceux qui le descendait, non sans crainte. Alors un groupe de frères choisi dans ces trois monastères vint trouver le serviteur de Dieu Benoît et ils lui disent : "C'est laborieux pour nous de descendre chaque jour chercher de l'eau jusqu'au lac et c'est pourquoi il est nécessaire de changer les monastères de place."

02. Il les reçut avec tendresse et les renvoya dûment consolés. La même nuit, avec le brave petit enfant appelé Placide dont j'ai parlé plus haut, il gravit le sommet de cette montagne ; il y pria assez longuement et lorsqu'il eut terminé, il disposa trois pierres à cet endroit pour servir de signe, puis il revint à son monastère à l'insu de tous ceux qui demeuraient là.

03. Comme un autre jour, poussé par la même nécessité, les frères étaient revenus vers lui, il leur dit : "Allez et creusez un peu sur ce rocher où vous trouverez trois pierres superposées : Dieu tout-puissant a le pouvoir de produire de l'eau même au sommet de cette montagne : qu'Il daigne ainsi vous épargner la fatigue d'un tel parcours ?" Ils se rendirent sur le sommet de la montagne dont

Benoît leur avait parlé et le trouvèrent suintant déjà de l'eau. Comme ils y faisaient une excavation, elle se remplit aussitôt, et elle sortit en quantité suffisante pour couler en abondance jusqu'à nos jours et pour descendre du sommet de cette montagne jusqu'en bas.

VI – L'outil perdu et retrouvé

01. Une autre fois, un certain Goth, pauvre en esprit, vint pour se convertir à la vie monastique et l'homme de Dieu Benoît le reçut très volontiers. Or un certain jour, il ordonna qu'on lui donne un outil en fer, appelé fauchette à cause de sa ressemblance avec une faux, afin qu'il coupe les ronces d'un endroit donné où on devait faire un jardin. Or, ce terrain que le Goth avait mission de déblayer était situé sur le bord même du lac. Et comme ce même Goth, à cause de l'épaisseur du roncier, y allait de toutes ses forces, le fer, se détachant de son manche, alla voler dans le lac ; or, à cet endroit il y avait une telle profondeur qu'il ne restait plus aucun espoir de le récupérer.

02. Le fer étant donc perdu, le Goth tout tremblant courut trouver le moine Maur pour lui raconter l'accident dont il était l'auteur et il fit satisfaction pour sa faute. Lequel Maur se mit aussitôt en devoir d'informer le serviteur de Dieu, Benoît. Or donc, l'homme de Dieu Benoît apprenant la chose se rendit sur les lieux ; il prit le manche de la main du Goth et le mit dans le lac ; aussitôt le fer remonta des profondeurs et se réajusta sur le manche. Sur-le-champ, il rendit son outil au Goth en lui disant : "Tiens ! Travaille et ne sois plus triste !"

VII – Son disciple Maur marche sur les eaux

01. Un certain jour, alors que le même vénérable Benoît se tenait en cellule, ledit Placide, cet enfant attaché à la personne du saint homme, sortit pour puiser de l'eau dans le lac. Tenant son réci-

pient, il eut un geste imprudent en le mettant dans l'eau, et entraîné par ce mouvement, il y tomba lui aussi. Aussitôt, le courant le saisit, l'éloigna du bord et le tira vers le large jusqu'à la distance d'un jet de flèche ! Or l'homme de Dieu, à l'intérieur de sa cellule, eut aussitôt conscience de ce qui s'était passé et appela Maur en toute hâte : "Frère, lui dit-il, cours ! L'enfant qui était allé puiser de l'eau est tombé dans le lac et le courant l'a déjà entraîné fort loin !"

02. Chose admirable et qui ne s'était pas reproduite depuis l'apôtre Pierre ! Voici : la bénédiction ayant été demandée et reçue, Maur, stimulé par l'ordre de son Père gagna cet endroit et, se croyant toujours sur la terre ferme, il continua sa course sur l'eau jusqu'à l'endroit où l'enfant avait été emporté par le courant : il le saisit par les cheveux et revint toujours en courant. À peine eut-il touché terre et repris ses esprits qu'il jeta un regard derrière lui et voici que, ce qu'il n'aurait jamais cru possible, étonné et tout tremblant, il le voyait accompli !

03. De retour chez le Père, il lui rendit compte de cet exploit. Le vénérable homme de Dieu, Benoît, lui, se mit à attribuer la chose non à ses propres mérites mais à l'obéissance de son disciple. Maur, au contraire, disait que c'était dû uniquement à son ordre : il était bien conscient que cela ne venait pas de sa propre vertu puisqu'il avait agi inconsciemment. Mais voici que dans cet assaut d'humilité, réciproque et amical, l'enfant sauvé intervint comme arbitre. Car il disait : "Moi, lorsque j'étais retiré de l'eau, je voyais au-dessus de ma tête la pelote du Père Abbé, et j'avais conscience que c'était lui qui me conduisait hors de l'eau."

04. Pierre : Grandioses les choses que tu racontes ! Et dignes de servir à l'édification d'un grand nombre. Pour ma part, ces miracles d'un homme si bon, plus j'en bois, plus j'ai soif !

VIII – Les embûches de Florentius

01. Grégoire : Comme le feu de l'amour de notre Dieu et Seigneur Jésus-Christ devenait dans cette région, toujours plus fort, toujours plus étendu, comme beaucoup quittaient la vie du siècle et se mettaient sous le joug du Rédempteur, comme, d'autre part, il est courant que les méchants jalousent le bien spirituel des autres, sans vouloir le posséder eux-mêmes, un prêtre de l'église voisine, du nom de Florentius, aïeul de notre sous-diacre Florentius, atteint par la malice de l'antique ennemi, se mit à envier les vaillantes entreprises du saint homme, à vilipender son genre de vie et à barrer la route, autant qu'il le pouvait, à ceux qui venaient le visiter.

02. Puis, voyant qu'il ne pouvait entraver la carrière d'un tel homme, que la renommée de sa vie prenait de l'ampleur, et que sans cesse de nombreux sujets se sentaient appelés à un genre de vie meilleure au seul bruit de ses louanges, les ardeurs de l'envie le consumaient toujours davantage et le rendaient d'autant plus méchant : Les louanges de cette sainte vie, il aurait aimé les recevoir, certes, mais mener une vie digne de louanges, il ne le voulait pas ! Cette jalousie ténébreuse l'aveugla à un tel point qu'il fit parvenir au serviteur du Dieu Tout-puissant un pain farci de poison sous couleur d'offrande bénite ! L'homme de Dieu le reçut avec action de grâce, mais la peste que recelait ce pain n'eut pas de secret pour lui.

03. Or, à l'heure de sa réfection, un corbeau avait coutume de venir de la forêt voisine pour prendre du pain dans sa main. Comme il arrivait donc, selon son habitude, l'homme de Dieu jeta devant lui le pain que le prêtre lui avait fait parvenir et il lui donna cet ordre : "Au nom de notre Seigneur Jésus-Christ, prends-moi ce pain et jette-le dans un endroit tel qu'aucun homme ne puisse le retrouver". Alors, ouvrant la bouche, étendant les ailes, le corbeau se mit à sautiller autour du pain et à émettre de petits croassements comme s'il lui disait en clair qu'il voulait bien lui obéir, mais qu'il

ne pouvait accomplir cet ordre. Alors l'homme de Dieu, revenant à la charge lui dit à plusieurs reprises: "Pars, pars, sois tranquille, jette-moi ça dans un endroit impossible à trouver". Après de longues hésitations, le corbeau se résolut enfin à le prendre dans son bec, il s'envola et s'éloigna. Après un laps de temps de trois heures, le pain ayant été jeté, il revint, et l'homme de Dieu lui donna dans la main sa pitance accoutumée.

04. Or le vénérable Père voyant que ce prêtre brûlait dans son cœur du désir d'attenter à sa vie en éprouva une grande peine, plus pour celui-ci d'ailleurs que pour lui-même. Mais le dit Florentius, voyant qu'il ne pouvait supprimer physiquement le Maître, s'enflamma du désir d'éteindre la vie dans l'âme de ses disciples: c'est ainsi que dans le jardin de la "cella" où résidait Benoît, il leur mit sous les yeux sept filles nues chargées de faire une grande farandole en se tenant la main, allumant ainsi dans leur cœur un désir pervers.

05. Ce que voyant depuis la "cella", et redoutant la chute de ses disciples dont l'âge était encore tendre, comprenant bien d'autre part que tout cela n'était fait que dans le seul but de le persécuter, lui, il céda à une telle jalousie, mit en ordre tous les oratoires qu'il avait bâtis en les plaçant sous l'autorité d'un préposé et en y adjoignant des frères, puis en prenant avec lui un petit nombre de moines, il changea son lieu de résidence.

06. Aussitôt que l'homme de Dieu se fut effacé par humilité devant les procédés de cet homme, le Dieu Tout-puissant frappa celui-ci de façon terrible. En effet, comme ledit prêtre, debout sur son balcon, voyait s'éloigner Benoît et sautait de joie, et alors que tout le reste de la maison restait parfaitement immobile, le balcon sur lequel il se trouvait tomba et l'écrasa dans sa chute: ainsi s'éteignit l'ennemi de Benoît.

07. Le disciple de l'homme de Dieu, appelé Maur, jugea qu'il fallait tout de suite annoncer la chose au Père Benoît, lequel n'était encore qu'à une distance de 10 milles. Il lui dit: "Reviens ! Car le prêtre qui te persécutait s'est éteint!" En entendant cela, l'homme de Dieu Benoît se livra à de grandes lamentations, tant pour la mort de son ennemi que pour l'exultation de son disciple devant la mort de cet ennemi. Il s'ensuivit qu'à son disciple aussi il infligea une pénitence parce qu'en lui annonçant une telle nouvelle, il avait osé se réjouir de la mort d'un ennemi.

08. Pierre: Admirable et stupéfiant tout ce que tu me racontes là ! Car, dans l'eau tirée du rocher, je vois Moïse, dans le fer qui remonte des profondeurs, Élisée, dans la marche sur les eaux, Pierre, et enfin dans les pleurs sur la mort d'un ennemi, David. Au fond je pense vraiment que cet homme était rempli de l'esprit de tous les justes !

09. Grégoire : L'homme de Dieu Benoît, mon cher Pierre, avait reçu l'équivalent de Celui qui est un, lequel, en concédant la grâce de la Rédemption, a rempli le cœur de tous les élus. C'est de Lui que Jean a dit: "Il était la lumière véritable qui illumine tout homme venant en ce monde." Et c'est de lui qu'il est encore écrit: "De sa plénitude, tous, nous avons reçu." En effet les saints hommes de Dieu ont bien pu recevoir les dons puissants du Seigneur mais non le pouvoir de les communiquer aux autres. Le Seigneur, par contre, a offert les signes de sa puissance à ceux qui Lui sont soumis, tout en promettant à ses ennemis de leur donner le signe de Jonas, de sorte qu'Il daigna mourir devant les superbes, et devant les humbles, ressusciter, d'une part ceux-ci voient de quoi Le mépriser, tandis que ceux-là, en Le vénérant, comprennent qu'ils doivent L'aimer. Duquel mystère, il ressort ceci: tandis que les superbes considèrent sa mort avec mépris, les humbles reçoivent en échange de cette mort, la gloire du pouvoir.

10. Pierre. Dis-moi, je te prie, en quel endroit le saint homme de Dieu émigra après cela, et si, là encore, il s'est signalé par quelques miracles.
Grégoire: En émigrant ailleurs, le saint homme a changé de lieu mais pas d'ennemi. En effet, il eut à supporter par la suite des combats d'autant plus graves qu'il se trouva affronté directement au maître de la malice en personne. Voici les faits: le village fortifié appelé Cassin est situé sur les côtés d'un mont élevé dont le flanc s'élargit pour recevoir ledit village, mais ensuite, sur une distance de 3 milles, il prend de la hauteur et son sommet atteint pour ainsi dire les nuées: il y avait là un très ancien lieu de culte dans lequel, suivant une coutume héritée des païens de jadis, Apollon était vénéré par un peuple stupide de rustres. Et tout autour avait poussés des bois sacrés dans lesquels une masse abrutie d'infidèles s'appliquait, avec force transpiration, à offrir des sacrifices sacrilèges.

11. Arrivant donc à cet endroit, l'homme de Dieu brisa l'idole, culbuta l'autel, coupa les bois sacrés à la base et dans le temple d'Apollon lui-même, il construisit un petit oratoire dédié à saint Martin. De plus, là où se trouvait l'autel du même Apollon, il construisit un petit oratoire à saint Jean. Quant à la multitude qui habitait alentour, par de continuelles prédications, il l'invitait à la foi.

12. Mais cela, l'antique ennemi ne pouvait le souffrir en silence et ce n'est pas qu'en tapinois ou dans un songe qu'il se manifestait, mais dans une claire vision il s'imposait aux yeux de ce Père: en poussant de grandes clameurs, il se plaignait d'être victime de la violence, à tel point que les frères entendaient sa voix bien qu'ils ne vissent nullement son image. Cependant, comme le vénérable Père le disait à ses disciples, l'antique ennemi se montrait à ses yeux de chair sous un aspect parfaitement horrible et tout en feu; il faisait mine de se jeter sur lui avec une bouche et des yeux enflammés. Cependant, tous entendaient bien ce qu'il disait: Il

l'appelait d'abord par son nom, et comme l'homme de Dieu n'avait cure de lui répondre, il éclatait aussitôt en invectives. En effet, lorsqu'à ses cris de "Benoît! Benoît!" il voyait que celui-ci ne donnait aucune espèce de réponse, il ajoutait incontinent: "Maudit! Non Béni! (Benoît = benedictus = béni). Pourquoi en as-tu avec moi? Pourquoi donc me persécutes-tu?"

13. Mais il faut s'attendre maintenant à de nouveaux combats de l'antique ennemi contre le serviteur de Dieu: Sa volonté était, bien sûr, de lui livrer des batailles, mais c'est contre sa volonté qu'il lui fournit des occasions de victoire.

IX – La pierre soulevée à la prière du Saint

Un jour que les frères construisaient les demeures de cette cella, ils trouvèrent une pierre au beau milieu du chantier et ils décidèrent de l'enlever pour servir à la construction. Or, comme à deux ou trois, ils ne pouvaient la remuer, plusieurs autres se joignirent à eux, mais elle demeura immobile comme si elle était retenue à terre par des racines, alors il leur fut donné de comprendre clairement que c'était l'antique ennemi en personne qui s'était assis dessus puisque les mains réunies de tant d'hommes n'arrivaient même pas à la remuer. Devant cette difficulté, on envoya quelqu'un prévenir l'homme de Dieu pour qu'il vienne, qu'il repousse l'ennemi par sa prière et qu'ainsi on puisse soulever la pierre. Il arriva aussitôt, et après avoir fait une prière, il donna sa bénédiction; on souleva la pierre avec la plus grande facilité comme si elle n'avait aucun poids.

X – La cuisine en feu

Alors il parut bon aux yeux de l'homme de Dieu de creuser la terre à cet endroit, et comme, à force de la creuser, ils arrivaient à une bonne profondeur, les frères y découvrirent une idole de bronze que provisoirement ils jetèrent au hasard dans un coin de la cuisine d'où on vit jaillir un feu : aux yeux de tous ces moines, il semblait évident que la cuisine allait brûler toute entière ; ils jetaient donc de l'eau et s'agitaient comme pour éteindre le feu ; attiré par ce vacarme l'homme de Dieu intervint, mais il constata que ce feu était dans les yeux de ces frères et nullement dans les siens ; alors il inclina la tête pour prier, et s'étant rendu compte qu'ils avaient été joués par un feu purement imaginaire, il les invita à bien regarder avec leurs yeux, à constater que la cuisine était intacte et qu'il n'y avait aucune flamme à voir mais que c'était une fiction de l'antique ennemi.

XI – Un moine enfant tombe d'un mur et se relève aussitôt, indemne

01. Autre fait du même genre : un jour que les frères surélevaient quelque peu un mur parce qu'il le fallait ainsi pour répondre aux exigences, l'homme de Dieu prolongeait la prière à laquelle il se livrait entre les murs de sa cellule. L'antique ennemi lui apparut alors, l'insulte à la bouche, lui signifiant qu'il allait voir les frères au travail, ce dont l'homme de Dieu s'empressa de les informer au plus vite en leur faisant dire par un messager : "Frères ! Agissez avec la plus grande prudence parce que l'esprit malin est en train de venir vers vous à cette heure même !" Celui qui transmettait cet ordre avait à peine achevé de parler que l'esprit malin renversa le mur qu'on construisait et dans sa chute, il écrasa un moine, un jeune garçon, fils d'un magistrat, qui fut enseveli sous les décombres. Tous en furent attristés et profondément affligés, non pas à cause de la ruine du mur mais à cause de l'écrasement de ce frère. Leur premier souci fut d'avertir au plus vite le vénérable Père Benoît, lui annonçant la nouvelle avec grande douleur.

02. Alors le Père ordonna qu'on lui apporte le corps de l'enfant mis en pièces. Et ils ne purent le porter qu'en le mettant dans un sac parce que l'avalanche de pierres lui avait écrasé non seulement les membres mais aussi les os. L'homme de Dieu ordonna aussitôt qu'on le

mette sur la natte de sa cellule là où il avait coutume de prier puis ayant mis les frères dehors, il s'enferma dans sa cellule. Alors il se plongea dans la prière avec plus d'insistance que d'habitude. Et merveille ! À l'heure même, sain et sauf, aussi vaillant qu'avant l'accident, il envoya ce moine reprendre son travail pour que lui aussi achève de construire le mur avec les frères, lui dont le meurtre aurait permis à l'antique ennemi d'insulter Benoît du moins comme il le croyait.

XII – Des moines qui avaient mangé hors du monastère

01. Sur ces entrefaites, l'homme de Dieu commença à montrer la puissance de son esprit prophétique, à prédire l'avenir et à révéler aux personnes présentes des choses relatives à ceux qui étaient absents. Par exemple, la coutume voulait que, chaque fois que les frères avaient à sortir pour répondre à une mission quelconque, ils ne pouvaient en aucune façon prendre nourriture ou boisson hors du Prieuré, et ce point de la règle était observé scrupuleusement. Or, il advint un certain jour que des frères sortirent pour répondre à une obédience ; sur quoi ils furent contraints de prolonger leur absence jusqu'à une heure plus tardive que prévue ? Comme ils savaient qu'une femme dévote habitait dans les environs, ils entrèrent dans son logis et ils y prirent leur nourriture.

02. Il était déjà fort tard lorsqu'ils revinrent au Prieuré et ils demandèrent la bénédiction du Père comme de coutume. Celui-ci leur posa directement la question : "Où avez-vous mangé ?" Eux de répondre : "Nulle part !" Et lui de leur dire : "Pourquoi mentez-vous ainsi ? Est-ce que vous n'êtes pas entrés au domicile de telle femme ? Est-ce que vous n'avez pas accepté telle et telle nourriture ? Est-ce que vous n'avez pas bu tant de verres ?" Voyant donc que le vénérable Père leur avait (tout) dévoilé : et la visite chez cette femme, et le détail des aliments consommés et la quantité de ce qu'ils avaient bu, ils avouèrent tout ce qu'ils avaient fait et tombèrent à ses pieds, épouvantés, en reconnaissant qu'ils avaient

fauté. Mais lui, sans autre forme de procès, leur pardonna tout car, réflexion faite, il se disait qu'ils ne recommenceraient jamais, sachant que, même absent, il restait présent en esprit.

XIII - Un pieux laïc se laisse aller à manger en route

01. Encore ceci : Le moine Valentinien dont j'ai parlé plus haut, avait un frère qui était laïc mais religieux de cœur, lequel, pour recevoir la prière de bénédiction du serviteur de Dieu et pour voir son frère, avait l'habitude de venir tous les ans de chez lui au Prieuré en restant à jeun. Or, un beau jour qu'il faisait route vers le monastère, un autre marcheur qui avait des provisions de route se joignit à lui. Comme l'heure avançait et qu'il était déjà assez tard, l'autre lui dit : "Viens, frère, prenons quelque nourriture afin de ne pas tomber de fatigue sur la route." Il lui répondit : "Loin de moi, frère ! Je ne le peux pas car j'ai pris l'habitude d'arriver toujours à jeun chez le vénérable Père Benoît." À ces mots, son compagnon de route se tut pendant un certain temps.

02. Mais ensuite, comme ils avaient encore fait un bout de chemin, il l'invita de nouveau à manger : Il ne le voulut pas puisqu'il avait résolu de venir à jeun. Alors celui qui l'avait invité à manger se tut à nouveau et il consentit à marcher encore un peu avec lui en restant à jeun. Mais comme la route s'allongeait et que l'heure, plus tardive aussi, fatiguait nos marcheurs, ils découvrirent le long de la route, un pré, une source et tout ce qui pouvait leur paraître le plus agréable pour se refaire le corps. Son compagnon lui dit alors : "Voilà de l'eau, voilà un champ ! Quel bon coin pour se restaurer et se reposer un peu afin d'arriver au bout de notre route en pleine forme !" Ces paroles lui chatouillaient agréablement l'oreille et l'endroit avait le don de plaire à ses yeux ; alors, désarmé par cette troisième invitation, il donna son accord et il mangea.

03. C'est donc à une heure "vespérale" qu'il parvint au Prieuré, et ayant été présenté au Vénérable Père Benoît, il lui demanda une

prière de bénédiction. Mais aussitôt, le saint homme lui reprocha ce qu'il avait fait en chemin : "Quoi donc, frère, lui dit-il, l'ennemi malin qui s'exprimait par la bouche de ton compagnon de route n'a pas pu te persuader une première fois, ni une seconde, mais il t'a convaincu au bout de la troisième et il t'a dominé en t'amenant à faire ce qu'il voulait. Alors celui-ci, reconnaissant la faiblesse coupable de son esprit, se jeta à ses pieds, se mettant à pleurer et à rougir de sa faute, et cela d'autant plus qu'il se rendait bien compte que, même en l'absence du Père Benoît, c'est vraiment sous ses yeux qu'il avait fauté.

04. Pierre : Je vois, moi, que le cœur de ce saint homme était habité par l'esprit d'Élisée, lui qui fut présent à son disciple absent.
Grégoire : Allons, Pierre, un instant de silence, s'il te plaît, si tu veux apprendre des choses plus grandes encore.

XIV – La supercherie de Totila démasquée

01. Voici donc : À l'époque des Goths, comme leur roi Totila entendait dire que le saint homme avait l'esprit de prophétie, il se rendit au monastère, mais s'arrêtant assez loin de là, il fit annoncer son arrivée. Sans plus tarder, du monastère, on lui fit dire de venir, mais comme il avait un esprit retors, il voulut sonder l'homme de Dieu pour voir s'il avait l'esprit de prophétie ou non. Or l'un de ses gardes du corps s'appelait Riggo : il lui donna ses chausses, lui fit endosser des habits royaux, et comme si c'était lui en personne, il lui donna l'ordre de se rendre auprès de l'homme de Dieu comme s'il était le roi en personne. Comme escorte d'honneur, il envoya des hommes qui faisaient habituellement partie de son entourage le plus proche, à savoir trois comtes, Vult, Ruderic et Blidin, afin de marcher à ses côtés devant les yeux du serviteur de Dieu et lui faire croire que c'était lui, le roi Totila. Il lui donna encore d'autres insignes honorifiques ainsi que des hommes d'armes ; de la sorte, tant par les hommages que par les vêtements de pourpre, on serait amené à penser qu'il était le roi.

02. Alors donc que ce même Riggo, paré de ces vêtements et accompagné de ces marques d'honneur à profusion, entrait dans le monastère, l'homme de Dieu siégeait sur une éminence à distance. Le voyant venir, dès qu'il put se faire entendre, il s'écria: "Dépose donc mon fils ! Dépose ce que tu portes ! Ce n'est pas à toi." Lequel Riggo tomba incontinent à terre, effrayé d'avoir osé se moquer d'un si grand homme et tous ceux qui l'avaient accompagné chez l'homme de Dieu se retrouvèrent à terre, épouvantés. Lors donc qu'ils se relevèrent, ils n'osèrent plus du tout s'approcher de lui mais ils revinrent auprès de leur roi et lui racontèrent en tremblant avec quelle rapidité ils avaient été découverts.

XV – Totila (suite) : Prophéties faites à Totila ainsi qu'à l'évêque de Canuse

01. C'est alors que le même Totila arriva personnellement auprès de l'homme de Dieu ; comme il le voyait assis de loin, n'osant pas approcher, il se mit à terre. Et comme, à deux puis à trois reprises, l'homme de Dieu lui disait "Lève-toi !" mais que lui, en sa présence, n'osait pas se lever de terre, Benoît, serviteur du Seigneur Jésus-Christ, daigna s'approcher en personne du roi prosterné. Il le releva de terre, lui fit des reproches au sujet de ses agissements, et en peu de mots, il lui prédit tout ce qui allait lui arriver : "Tu fais beaucoup de mal, lui dit-il, et tu en as fait déjà beaucoup. Maintenant, tâche, enfin, de mettre un frein à l'injustice. Pour toi, tu entreras dans Rome, tu traverseras la mer, tu régneras neuf années, tu mourras la dixième."

02. À ces mots, le roi profondément terrifié, lui ayant demandé une prière de bénédiction, se retira, et à partir de cette époque-là, il fut désormais moins cruel. Comme assez peu de temps après il faisait son entrée à Rome, il poussa jusqu'en Sicile, puis, la dixième année de son règne, par un jugement du Dieu Tout-puissant, il perdit son royaume avec la vie.

03. Ajoutons ceci: L'évêque de l'Église de Canuse avait coutume de venir chez ce même serviteur du Seigneur, et l'homme de Dieu l'aimait grandement à cause du mérite de sa vie. Ce dernier, donc, eut un entretien avec lui au sujet de l'entrée du roi Totila et de la perdition de la ville de Rome et il lui dit: "Par ce roi cette ville sera détruite au point qu'elle ne sera plus habitée désormais. À quoi l'homme de Dieu répondit: "Rome ne sera pas exterminée par ces peuplades, mais harassée par les tempêtes, les éclairs, les tourbillons et le tremblement de terre, elle s'affaissera sur elle-même." Le mystère de cette prophétie est devenu maintenant, pour nous, plus clair que le jour, nous qui constatons de nos yeux que, dans cette ville, les remparts s'écroulent, les maisons sont renversées, les églises détruites par le tourbillon, et ses édifices fatigués par une longue vieillesse, nous les voyons s'affaisser sous l'accumulation de leurs propres ruines.

04. Bien que son disciple Honorat, dont je tiens cette relation, reconnaisse qu'il ne l'a jamais entendu de sa propre bouche, cependant il atteste l'avoir entendu dire par les frères.

XVI – Benoît et le clerc tourmenté par le démon

01. À cette époque également, un certain clerc de l'Église d'Aquin subissait les vexations du démon et l'homme vénérable que fut Constantin, évêque de cette ville, l'avait fait parcourir de nombreux sanctuaires de martyrs afin qu'il puisse être guéri. Mais les saints martyrs de Dieu ne voulurent pas lui accorder le don de la santé pour montrer quelle grande grâce résidait en Benoît. Il fut donc conduit au serviteur du Dieu Tout-puissant, Benoît, lequel se répandant en prières adressées au Seigneur Jésus-Christ, chassa incontinent l'antique ennemi de cet homme obsédé, mais après sa guérison, il lui enjoignit ceci: "Va, ne mange plus de chair, et n'aie jamais l'audace d'accéder à l'Ordre sacré. Car quel que soit le jour où tu oserais profaner le saint Ordre par ta témérité, aussitôt le démon reprendrait sur toi tous ses droits."

02. Le clerc s'en fut donc, pleinement guéri, et comme, en général, une peine récente a pour effet de terrifier l'esprit, il observa pendant un certain temps ce que l'homme de Dieu lui avait prescrit. Mais, comme après de nombreuses années tous ses anciens avaient émigré loin de la lumière de ce monde et qu'il voyait que les plus jeunes s'élevaient au-dessus de lui par les saints Ordres, il mit au second plan les paroles de l'homme de Dieu comme s'il les avait oubliées après un temps prolongé, et il accéda à l'Ordre sacré : Aussitôt le diable qui l'avait laissé de côté s'empara de lui et ne cessa de le soumettre à ses vexations jusqu'à ce qu'il lui eût arraché l'âme.

03. Pierre : cet homme, à ce que je vois, avait pénétré les secrets de la divinité, lui qui avait discerné que si ce clerc avait été livré au diable, c'était pour qu'il n'ose pas accéder à l'Ordre sacré.
Grégoire : Pourquoi ne connaîtrait-il pas les secrets de la divinité, celui qui garde les préceptes de la divinité, vu qu'il est écrit : "Celui qui adhère au Seigneur est un seul esprit."?

04. Pierre : S'il ne fait qu'un seul esprit avec le Seigneur, celui qui adhère au Seigneur, qu'en est-il de ce que dit aussi cet incomparable héraut de la parole : "Qui a connu la pensée du Seigneur, ou qui a été son conseiller ?" Il paraît en effet grandement contradictoire d'ignorer la pensée de celui avec qui on a été fait un.

05. Grégoire : Les saints hommes, dans la mesure où ils sont un avec le Seigneur, n'ignorent pas la pensée du Seigneur. En effet, ce même Apôtre dit aussi : Qui donc connaît l'homme, et ce qui est dans l'homme, si ce n'est l'esprit de l'homme qui est en lui ? De même, les choses qui sont de Dieu, personne ne les connaît, si ce n'est l'Esprit de Dieu." Et, pour montrer qu'il connaissait les choses de Dieu, il ajoute : "Quant à nous, nous avons reçu, non l'esprit de ce monde, mais l'Esprit qui vient de Dieu." D'où il dit encore : "Ce que l'œil n'a pas vu, ce que l'oreille n'a pas entendu, ce qui

n'est pas monté au cœur de l'homme, ce que Dieu a préparé pour ceux qui L'aiment, eh bien, Lui nous l'a révélé par son Esprit."

06. Pierre : Si donc les choses de Dieu furent révélées par l'Esprit de Dieu à ce même apôtre, comment dit-il, juste avant ce que je viens de citer : "Ô profondeur des richesses de la sagesse et de la science de Dieu ! Que Ses jugements sont incompréhensibles et ses voies impénétrables ? " Mais de nouveau, lorsque je dis ceci, une autre question surgit, car David le prophète parle au Seigneur en disant : "De mes lèvres j'ai prononcé tous les jugements de Ta bouche." Or comme savoir est moins que prononcer, pourquoi est-ce que Paul affirme que les jugements de Dieu sont incompréhensibles alors que David atteste que non seulement il les connaît tous, mais qu'il les a même prononcés de ses lèvres ?

07. Grégoire : À l'une et l'autre question, j'ai déjà brièvement répondu ci-dessus en te disant que les saints hommes, en tant qu'ils sont avec le Seigneur, n'ignorent pas la pensée du Seigneur. En effet, tous ceux qui suivent dévotement le Seigneur sont par cette dévotion même, avec le Seigneur ; d'autre part, encore alourdis par le poids d'une chair corruptible, ils ne sont pas avec le Seigneur. C'est pourquoi, les jugements cachés du Seigneur, ils les connaissent en tant qu'ils sont unis à Lui ; en tant qu'ils sont désunis, ils les ignorent. Et comme ils ne pénètrent pas encore parfaitement ses secrets, ils attestent que ses jugements sont incompréhensibles, mais comme ils adhèrent à Lui en esprit, et qu'en adhérant soit aux paroles de la Sainte Écriture, soit aux révélations cachées, en tant qu'ils les reçoivent, ils en prennent connaissance : ils les ont connues et ils les prononcent. Donc, les jugements que Dieu tait, ils les ignorent, les jugements qu'Il prononce, ils les savent.

08. D'où également le prophète David : Comme il disait : "De mes lèvres j'ai prononcé tous les jugements" il a ajouté immédiatement : "de Ta bouche", comme s'il disait en clair : " Ces jugements

que j'ai pu, et connaître, et prononcer, j'ai reconnu que c'est Toi qui les avait dit. Car ceux que Tu ne dis pas Toi-même, Tu les caches sans aucun doute à notre connaissance." Il y a donc accord entre la sentence prophétique et apostolique car, d'une part, les jugements de Dieu sont incompréhensibles, et cependant, ceux qui furent proférés par sa bouche sont prononcés par des lèvres humaines. En effet, ceux qui sont proférés par Dieu peuvent être connus des hommes tandis que ceux qui sont cachés ne le peuvent pas.

09. Pierre : Face à l'objection de ma petite question, l'explication rationnelle a ouvert la route. Mais, je t'en prie, s'il reste encore quelque chose concernant la vertu de cet homme, continue donc !

XVII – Benoît prédit la ruine de son monastère

01. Un certain homme, noble, appelé Théoprobus avait été converti par les admonitions de ce même Père Benoît, lequel le traitait avec confiance et même familiarité à cause du mérite de sa vie. Un jour, comme celui-ci était entré dans sa cellule, il le trouva en train de pleurer très amèrement, et comme il se tenait debout, immobile, pendant un long moment et qu'il voyait que les larmes ne s'arrêtaient pas, considérant d'autre part qu'il n'avait pas l'habitude de prier en poussant des gémissements mais qu'il le faisait seulement lorsqu'il avait de la peine, il s'enquit de la cause d'une si grande affliction. Sur-le-champ, l'homme de Dieu lui répondit : "Tout ce monastère que j'ai construit et tout l'ensemble de ce que j'ai préparé pour les frères, par un jugement du Dieu Tout-puissant, tout cela sera livré aux peuples barbares. À peine ai-je pu obtenir que me soient concédées les âmes de ceux qui demeurent en ce lieu."

02. Cette parole que Théoprobus a entendue, nous en voyons-nous autres la réalisation, car nous savons que son monastère a été récemment détruit par la nation lombarde. Récemment en effet, à la faveur de la nuit, et profitant du repos des frères, les Lombards

sont entrés et après avoir tout pillé, ils n'ont pu s'emparer de personne, pas même d'un seul homme. Le Dieu Tout-puissant a accompli ce qu'il avait promis au fidèle serviteur de Dieu Benoît: s'il livrait les biens aux nations étrangères, il conserverait les vies.

03. Pierre: En cette circonstance, je vois que Benoît a tenu le rôle de Paul: tandis que le navire a perdu tous ses biens, jetés par-dessus bord, lui-même a reçu, pour sa consolation, la vie de tous ceux qui l'accompagnaient.

XVIII – Le recel de la fiasque de vin

À une certaine époque, notre brave Exhilaratus (c.à.d. "Réjoui"), que tu as connu après sa conversion, avait été envoyé par son maître afin d'apporter du vin à l'homme de Dieu pour le monastère: il y en avait, pleins, deux de ces petits récipients en bois qu'on appelle plus communément fiasques. Il en apporta un, mais il cacha le second en cours de route. Quant à l'homme de Dieu à qui l'on ne pouvait dissimuler les faits commis en son absence, il reçut le premier avec action de grâce et il lança cet avertissement au garçon qui s'éloignait: "Regarde bien, fils, ne bois pas tout de suite de ce flacon que tu as caché, mais penche-le avec prudence, et tu trouves ce qu'il y a dedans." Couvert de confusion, il sortit de chez l'homme de Dieu et, revenu à cet endroit, voulant vérifier ce qu'il avait entendu, comme il penchait la fiasque, il en sortit aussitôt un serpent. Alors ce jeune Exhilaratus, impressionné parce qu'il découvrit dans le vin, fut effrayé du mal qu'il avait commis.

XIX – Le cadeau dissimulé

01. Il y avait encore, non loin du monastère, un bourg dans lequel une quantité non négligeable d'hommes avait été convertie par les admonitions de Benoît, passant du culte des idoles à la foi en Dieu. Là aussi résidaient quelques saintes femmes moniales et

pour stimuler leurs âmes, le serviteur de Dieu Benoît avait soin d'y envoyer fréquemment ses frères. Or un jour, comme de coutume, il en envoya un, mais le moine qui avait été dépêché, après avoir fait l'exhortation, fut prié par ces moniales d'accepter des mouchoirs : il les prit et les cacha dans sa poitrine.

02. À peine était-il revenu, que l'homme de Dieu, très amer, se mit à lui faire des reproches en disant : "Comment l'iniquité est-elle entrée dans ton sein ?" Mais l'autre demeurait interloqué, et ayant oublié ce qu'il avait, il se demandait pourquoi on le reprenait. Alors, il lui dit : "Est-ce que je n'étais pas présent, moi, lorsque tu as accepté des mouchoirs donnés par les servantes de Dieu et que tu les as mis dans ton sein ?" L'autre aussitôt, se jetant à ses pieds, se repentit d'avoir agi avec sottise. Quant à ces mouchoirs qu'il avait cachés sur lui, il les jeta.

La Légende dorée

La vie de saint Benoît selon la Légende dorée de Jacques de Voragine.

Un texte fondamental

Voici le texte qui a éclairé tout le Moyen Âge à propos de saint Benoît. Il est dû à l'hagiographe le plus célèbre et qui fut aussi un poète : Jacques de Voragine. Ce dernier naquit en 1228 à Varage, ville proche de Gênes, en Italie, à mi-chemin entre Savone et Voltri, d'où son nom latin Jacobus de Varagine. Un copiste distrait substitua un " o " au premier " a" : Il devint Jacques de Voragine.

Précocité

À seize ans quand, en 1244, Jacques entre dans l'ordre des Frères Prêcheurs. C'est le grand ordre dominicain, fondé en 1215 par saint Dominique. Jacques y accomplit son noviciat, devient, moine. Sa sagacité, sa constance dans l'étude, son assiduité au service divin font de lui une sorte de modèle. Il étudia tant et si bien qu'il devint professeur de théologie, prédicateur.

Un projet ambitieux

Vers 1255, Jacques de Voragine s'attaque à la très lourde tâche de relater la vie des saints, de créer un recueil de référence unique. Ce sera la Légende dorée. C'est un monument d'amour et d'érudition.

Hommage à saint Dominique

Frère prêcheur avant tout, son chapitre le plus long est consacré à saint Dominique, mort depuis moins de cinquante ans. Dominicain comme lui, enseigne de 1252 à 1259 à Paris, où il rédige la Somme contre les gentils, pendant que son maître, est élu provincial à Cologne en 1254.

Saint parmi les saints

Contemporain de Roger Bacon, le " docteur admirable " de saint Thomas d'Aquin, le " docteur angélique ", de saint Albert le grand, de saint Bonaventure de Jacopone da Todi, l'auteur du Stabat Mater, de Saint Louis, etc., Jacques de Voragine est resté exemplaire et tient dignement sa place parmi ces personnages formidables.

Un diplomate

Jacques sera même un diplomate, un très sagace fondateur de la paix : La fameuse guerre entre les Guelfes (partisans du pape) et les Gibelins (partisans de l'empereur) durait depuis 1260. Jacques de Voragine réussit, en 1295, après trois ans d'effort, à obtenir qu'ils se réconcilient. Il participe aussi à plusieurs opérations diplomatiques entre Gênes et Venise.

Humilité post mortem

Il rendit son âme à Dieu en 1298. Il refusa d'être inhumé dans la cathédrale auprès des autres évêques. Il voulut que son corps reposât dans l'église de son ancien couvent.

Exactitude

Cet homme admirable nous a fait connaître, avec sagesse et un fort désir d'exactitude, la vie de saint Christophe. Pour cela, il a dû étudier patiemment toutes les sources accessibles, toutes les versions accessibles en diverses langues.

Du poème au récit « brut »

Le résultat est probant. Comme toujours, Jacques de Voragine, nous éblouit, nous passionne par son lyrisme simple et direct. Les qualités de son style sont propres à mieux nous faire aimer saint Christophe, pour la plus grande gloire de Dieu. Et c'est pourquoi nous livrons, page suivante, la traduction de cet admirable texte, à la fois poème, récit, et morceau d'histoire « brut ».

Vie de saint Benoît[39]

Benoît est ainsi nommé ou parce qu'il a béni beaucoup, ou parce qu'il a reçu en cette vie beaucoup de bénédictions, ou parce que tous le bénissaient, ou bien parce qu'il a mérité la bénédiction éternelle. Sa vie fut écrite par saint Grégoire.

Benoît était originaire de la province de Nurcie. Ayant été placé à Rome pour faire ses études, tout jeune encore, il abandonna les lettres et résolut de s'en aller au désert. Sa nourrice, qui le chérissait avec une grande tendresse, le suivit jusqu'en un lieu qu'on nomme Oéside, où elle demanda à emprunter un crible pour nettoyer du froment, mais en le mettant sans précaution sur une table, le crible tomba et fut cassé (352) en deux. Saint Benoît la voyant pleurer prit les deux parties du crible et se levant, après une prière, il les trouva solidement réunies. Peu de temps après, il quitta à la dérobée sa nourrice et vint en un endroit où il resta trois ans inconnu aux hommes, à l'exception d'un moine appelé Romain, dont les soins assidus lui assuraient le nécessaire. Or, comme de l'antre où Benoît restait, jusqu'au monastère de Romain il n'y avait pas de chemin, celui-ci liait le pain au bout d'une très longue corde et c'est ainsi qu'il avait coutume de le faire passer. À cette corde, il attacha aussi une sonnette, afin que, averti par le son, l'homme de Dieu sût quand Romain lui apportait du pain et pût sortir pour le prendre. Mais l'antique ennemi de l'homme jaloux de la charité du premier et de la manière dont le second se sustentait, jeta une pierre et cassa la sonnette: cela toutefois n'empêcha pas Romain de servir Benoît. Après quoi le Seigneur apparut dans une vision à un prêtre qui se préparait à manger le jour de la solennité de Pâques, et lui dit: « Tu te prépares des friandises et mon serviteur meurt-de-faim en tel lieu.» Le prêtre se leva incontinent, et étant parvenu à trouver Benoît après de grandes difficultés: « Levez-vous, lui dit-il, et prenons de la nourriture, parce que c'est aujourd'hui la Pâque du Seigneur.»

[39] Traduction de François Bonneau.

Benoît lui répondit: « Je vois bien qu'il est Pâques, puisque j'ai l'avantage de vous voir. » Placé en effet loin des hommes, il ne savait pas que ce jour fut celui de la solennité de Pâques. Le prêtre lui dit: « Vraiment c'est aujourd'hui le jour de la résurrection de N.-S.: aussi ne, convient-il pas que vous fassiez abstinence; c'est pour cela que je vous ai été envoyé. » Et après avoir béni Dieu, ils prirent de la nourriture. – Un jour un oiseau noir, nommé merle, se mit à voler d'une manière importune autour de la figure de Benoît, de sorte que le saint aurait pu le saisir avec la main; mais il fit le signe de la croix et l'oiseau se retira. Bientôt après, le diable lui ramena devant les yeux de l'esprit une femme qu'il avait vue autrefois, et il alluma dans son cœur une telle passion pour cette personne, que, vaincu par la volupté, il était près de quitter le désert. Mais rendu subitement à lui-même par la grâce divine, il quitta ses vêtements, et se roula sur les épines et les ronces éparses çà et là, avec tant de violence que son corps en fut tout meurtri, il guérit ainsi par les plaies de sa chair les plaies de sa pensée: il vainquit le péché! En déplaçant l'incendie. À dater de ce moment aucune tentation ne s'éleva en son corps. Sa renommée avait grandi; l'abbé d'un monastère étant mort, toute la communauté vint le trouver et lui demander de la gouverner. Il refusa longtemps, et dit d'avance aux moines que leurs mœurs ne s'accordaient point avec les siennes; enfin il fut forcé de donner son consentement. Mais comme il commandait que là règle fût observée selon toute sa rigueur dans le cloître, les moines se reprochaient l'un à l'autre de l'avoir demandé pour leur chef, car leur irrégularité blessait l'amour qu'il avait pour le devoir. Quand ils s'aperçurent qu'avec lui il ne leur était plus possible de faire le mal et que c'était chose pénible de rompre leurs habitudes, ils mêlèrent du poison avec son vin et le lui servirent à table. Mais Benoît fit le signe de la croix, ce qui brisa le verre comme par un coup de pierre. Il comprit donc qu'il y avait là une boisson de mort, puisqu'elle n'avait pu recevoir le signe de la vie; il se leva aussitôt et il dit avec calme: « Que le Dieu tout-puissant ait pitié de vous, mes frères; ne vous ai-je pas dit que vos mœurs et les miennes ne s'accordaient pas? » Il revint alors à la solitude qu'il avait quittée; et où ses miracles qui se multipliaient tous les jours le rendirent célèbre. Une foule de personnes étant venues à lui, il bâtit douze monastères. En l'un d'eux, il y avait un moine qui ne pouvait pas vaquer longtemps à la prière, mais pendant que les autres étaient à l'oraison, il allait dehors et se livrait à des distractions terrestres et futiles. L'abbé de ce monastère en ayant instruit saint Benoît, celui-ci s'empressa de venir ; il vit qu'un petit enfant noir tirait dehors, par le bord de son habit, ce moine qui ne pouvait pas rester à la prière ; et il dit à l'abbé du monastère et au moine saint Maur : « Est-ce que vous ne voyez pas quel est celui qui le tire ? » Et comme ils répondaient : « Non ; » il dit : « Prions pour que vous le voyiez aussi. » Et pendant qu'ils priaient, saint Maur vit, mais l'abbé ne put voir. Un autre jour donc, après la prière, l'homme de Dieu rencontra le moine dehors, et le frappa avec une verge à cause de son aveuglement ; depuis ce temps, il resta à la prière, sans plus sortir. Ce fut ainsi que l'antique ennemi de l'homme n'osa plus maîtriser les pensées du moine, comme s'il eût reçu lui-même les coups. De ces monastères il y en avait trois élevés sur les rochers d'une montagne, et c'était avec un grand labeur qu'on tirait l'eau d'en bas : comme les frères priaient souvent l'homme de Dieu de changer les monastères de lieu, une nuit il alla avec un enfant au haut de la montagne où, après avoir prié longtemps, il mit trois pierres en cet endroit pour servir de signe. Rentré le matin à la maison, les frères vinrent le trouver pour la même causée et il leur dit : « Allez creuser au milieu de la roche sur laquelle vous trouverez trois pierres, car le Seigneur peut vous en faire jaillir de l'eau : » Ils y allèrent et ils trouvèrent cette roche déjà couverte de gouttes ; ils y creusèrent un trou et bientôt ils le virent plein d'eau : elle coule encore jusqu'à présent en assez grande quantité pour descendre du sommet de la montagne jusqu'en bas. Une fois, un homme coupait des ronces avec une faux autour du monastère de l'homme de Dieu ; or, le fer sauta du manche et tomba dans un lac profond ; et comme cet homme s'en tourmentait fort, saint Benoît mit le manche sur le lac et un instant après le fer vint nager vers son manche. Un jeune moine appelé Placide, en allant puiser de l'eau, tomba dans le fleuve ; bientôt l'eau l'emporta et l'entraîna loin de ta terre presque à la distance du jet d'une flèche. Or, l'homme de Dieu qui était assis dans sa cellule vit cela en esprit tout aussitôt ; il appela Maur, lui raconta l'accident arrivé à cet enfant et lui commanda d'aller le sauver. Après avoir reçu la bénédiction du saint, Maur, s'empressa d'y aller, et pensant qu'il marchait sur la terre, il vint sur l'eau jusqu'auprès de l'enfant qu'il tira en le prenant par les cheveux : puis il revint rapporter à l'homme de Dieu ce qui lui était arrivé ; mais le saint l'attribua non pas à ses mérites, mais à l'obéissance de Maur. – Un prêtre du nom de Florent, envieux du saint, conçut une telle aversion contre lui qu'il envoya à l'homme de Dieu un pain empoisonné pour du pain bénit. Le saint le reçut avec reconnaissance, et le jeta au corbeau qui avait coutume de recevoir du pain de ses mains, en lui disant : « Au nom de J.-C., prends ce pain et jette-le en tel endroit qu'homme vivant ne le puisse prendre. » Alors le corbeau ouvrit le bec, étendit les ailes, se mit à courir autour du pain et à croasser avec force, comme s'il eût voulu dire qu'il voulait bien obéir, mais que cependant il ne pouvait faire ce qui lui était commandé. Le saint lui commanda à diverses reprises en disant : « Prends, prends, n'aie pas peur, et jette-le, ainsi que j'ai dit. » Enfin le corbeau prit le pain, ne revint que trois jours après et reçut de la main de Benoît sa ration accoutumée. Florent, voyant donc qu'il ne pouvait pas tuer le corps de son maître ; résolut de tuer les âmes des religieux : il fit alors folâtrer et chanter sept jeunes filles toutes nues dans le jardin du monastère, afin d'exciter les moines à la luxure. Le saint ayant vu cela de sa cellule et craignant que ses disciples ne tombassent dans le péché, céda la place à l'envieux et prit quelques frères avec lesquels il alla habiter ailleurs. Mais Florent, qui se trouvait sur une terrasse, le voyant s'en aller, en conçut de la joie, lorsque tout à coup la terrasse s'affaissa et le tua à l'instant. Alors Maur courut dire à l'homme de Dieu : « Revenez, parce que celui qui vous persécutait est tué. Aussitôt qu'il eut entendu cela, le saint poussa de grands gémissements, soit à cause de la mort de son ennemi, soit parce que son disciple s'en était réjoui. Il lui infligea une pénitence de ce qu'en lui annonçant ; un pareil malheur, il avait eu la présomption de se réjouir de la, mort d'un méchant. Quant à Benoît, il n'évita pas l'ennemi en

changeant le lieu de sa demeure : car il vint au mont Cassin, et du temple d'Apollon qui s'y trouvait, il fit un oratoire en l'honneur de saint Jean-Baptiste ; et convertit de l'idolâtrie tout le peuple d'alentour. Mais l'antique ennemi, supportant cela avec peine, lui apparaissait visiblement sous une forme hideuse ; sa bouche et ses yeux paraissaient jeter des flammes ; il l'insultait en disant : « Benoît, Benoît, » mais comme le saint ne lui répondait rien, au lieu de Benoît, Benedict ; il disait : « Maudit, maudit, pourquoi me persécutes-tu ? » Un jour les frères voulaient élever une pierre qui était par terre pour la mettre en œuvre, mais ils ne pouvaient y parvenir. Des hommes en grand nombre qui étaient là ne pouvaient non plus la soulever, quand l'homme de Dieu arrivant, donna sa bénédiction et la pierre fut élevée avec la plus grande célérité ; ce qui fit juger que le diable était assis dessus et empêchait de la mouvoir. Quand la muraille eut atteint une certaine hauteur, le démon apparut à l'homme de Dieu et lui fit signe d'aller trouver les frères : aussitôt il leur envoya dire par un exprès
« Mes frères, prenez garde à vous, parce que le malin esprit vient vers vous. » À peine le messager, eut-il fini de parler que le démon fait tomber la muraille dont la chute écrasa un jeune religieux. Mais l'homme de Dieu fit apporter le mort tout brisé en un sac, le ressuscita par une prière et le renvoya à son travail.

Un laïc, homme d'honnête vie, avait coutume, chaque année, de venir à jeun visiter saint Benoît. Un jour qu'il y venait, s'adjoignit à lui un autre personnage, chargé de vivres, pour son voyage : or, comme il se faisait tard, ce dernier dit : « Frère, venez et mangeons pour que nous ne soyons pas fatigués en chemin. Sur sa réponse qu'il ne goûterait à aucune nourriture en route, l'autre se tut pour l'heure ; peu de temps après, il lui fit encore la même invitation, mais le laïc ne voulut pas céder. Enfin une heure entière s'étant écoulée, dans la fatigue du voyage, ils arrivèrent à un pré avec une fontaine, et où l'on pouvait se reposer et se rafraîchir. Alors le voyageur en lui montrant ce lieu le pria de s'y arrêter un instant pour manger. Ces paroles ayant flatté les oreilles du laïc et le lieu ayant charmé ses yeux, il consentit. Lorsqu'il fut arrivé auprès de saint Benoît, l'homme de Dieu lui dit : « Frère, voici que le malin n'a pas pu vous persuader une première fois, ni une seconde fois, mais la troisième il l'a emporté. » Alors le laïc se jeta à ses pieds et pleura sa faute. – Totila, roi des Goths, voulant éprouver si l'homme de Dieu avait l'esprit de prophétie, donna à un de ses gardes ses vêtements royaux et l'envoya au monastère avec tout l'appareil d'un souverain. Quand Benoît le vit venir, il dit : « Otez, mon fils, ôtez : ce que vous portez n'est pas à vous. » Celui-ci se jeta à l'instant à terre, et il eut une grande frayeur d'avoir osé vouloir se jouer d'un si grand homme. – Un clerc, tourmenté par le diable, fut amené à Benoît pour en recevoir guérison, et quand le diable eut été chassé de son corps, Benoît dit : « Allez et dorénavant ne mangez pas de viande, et n'approchez pas des saints ordres : car le jour où vous aurez la présomption de les recevoir, vous appartiendrez au démon. » Le clerc garda cette recommandation un certain temps ; mais voyant que l'époque approchait de passer des ordres mineurs aux ordres sacrés, il ne tint pas compte des paroles du saint, comme si un long espace de temps les lui eût fait oublier, et reçut l'ordre sacré. Mais aussitôt le diable, qui l'avait quitté, s'empara de lui et ne cessa de le tourmenter jusqu'à ce qu'il lui eût fait rendre l'âme. – Un homme envoya, par un enfant, à saint Benoît, deux flacons de vin ; or, l'enfant en cacha un dans le chemin et porta l'autre ; l'homme de Dieu reçut avec reconnaissance cet unique flacon et donna cet avis à l'enfant lors de son départ : « Mon fils, garde-toi de boire de ce flacon que tu as caché ; mais incline-le avec précaution et regarde ce qu'il contient. » Celui-ci se retira tout confus : en revenant, il voulut s'assurer de ce que le saint lui avait dit ; et quand il eut incliné le flacon, aussitôt il en sortit un serpent. — Une fois, l'homme de Dieu soupait alors qu'il faisait nuit ; un moine, fils d'un avocat, l'assistait en tenant une lampe, et par esprit d'orgueil se mit à penser à part soi : « Quel est cet homme pendant le repas duquel j'assiste, auquel je tiens une lampe, que je suis réduit à servir ? Qui suis-je moi pour que je sois son serviteur ? » Aussitôt l'homme de Dieu lui dit : « Fais le signe de la croix sur ton cœur, mon frère, fais le signe de croix sur ton cœur ; qu'as-tu à dire ? » Et il appela les frères, leur dit de prendre la lampe de ses mains ; pour lui, il le fit aller au monastère et lui commanda de rester en repos: — Un Goth appelé Zalla, hérétique arien du temps du roi Totila, exerça avec fureur des actes atroces de cruauté contre les personnes religieuses appartenant à la foi catholique; tout clerc ou tout moine qui venait en sa présence, ne sortait pas de ses mains la vie sauve. Un jour, poussé par l'esprit d'avarice et ne pensant que rapine, ce roi faisait endurer à un habitant de la campagne des tourments cruels, et lui infligeait différentes tortures; vaincu par la douleur, le paysan déclara avoir mis sa personne et ses biens sous la protection du serviteur de Dieu, Benoît. Le bourreau le crut et cessa de tourmenter le patient qui revint à la vie. Mais en cessant de le tourmenter, Zalla lui fit lier les bras avec de fortes courroies, et le fit marcher en avant de son cheval pour qu'il lui montrât ce Benoît qui avait reçu son bien. Le paysan marcha donc devant lui, les bras liés, et le mena au monastère du saint homme qu'il trouva seul assis à la porte de sa cellule et faisant une lecture. Le paysan, dit à Zalla qui le suivait par derrière et qui le tourmentait: « Voici celui dont je vous ai parlé, le Père Benoît. » Zalla, l'esprit échauffé, le regarda avec un air méchant et croyant agir avec lui comme avec les autres, il se mit à crier de toutes ses forces en disant: « Lève-toi, lève-toi; rends les biens de ce rustaud: rends ce que tu as pris. » À cette voix, l'homme de Dieu leva vite les yeux, cessa de lire, puis jeta un coup d'œil sur Zalla et sur le paysan qu'il remarqua être tenu par des liens. Ayant tourné les yeux vers les bras de cet homme, les courroies qui le liaient se détachèrent miraculeusement avec une telle vitesse que personne, tout habile qu'il eût été, n'eût pu le faire en si peu de temps. Le captif ayant été soudain mis en liberté, Zalla, effrayé d'un pareil trait de puissance, se jeta contre terre et baissant sa tête cruelle jusqu'aux pieds du saint, il se recommanda à ses prières. Quant au saint homme, il ne se leva pas, il n'interrompit point sa lecture mais il appela les frères auxquels il enjoignit d'introduire Zalla dans la maison pour y recevoir la bénédiction. À son retour, il l'avertit de ne plus se livrer à de pareils excès de cruauté. Zalla prit une réfection, s'en alla, et ne s'avisa plus de réclamer rien du paysan que l'homme de Dieu avait délié non pas avec les mains, mais de son regard.

À une époque, la famine exerçait ses ravages sur le pays de la Campanie. On était en proie à la disette et déjà au monastère de saint Benoît le blé manquait; presque tous les pains avaient été mangés, de sorte qu'il n'y en avait plus que cinq pour la collation des frères. Le vénérable abbé, qui les voyait tous consternés, s'attacha à les reprendre avec modération de leur pusillanimité, et à les encourager peu à peu par des promesses, en disant: « Pourquoi donc votre esprit est-il dans la tristesse de ce qu'il n'y a pas de pain ? Aujourd'hui, Il est vrai, il est en petite quantité, mais demain, il y en aura en abondance. » Or, le jour suivant, on trouva devant la porte du couvent deux cents boisseaux de farine dans des sacs que le Dieu tout puissant avait envoyés sans qu'on sache encore à présent par quels moyens. À cette vue, les frères rendirent grâces à Dieu et apprirent qu'il ne fallait s'inquiéter ni de l'abondance ni de la disette. – On lit encore, qu'un homme avait un fils attaqué d'un éléphantiasis en sorte que déjà ses cheveux tombaient, sa peau s'enflait et il n'était plus possible de cacher la sanie qui allait en augmentant. Le père l'envoya à Benoît qui lui rendit, subitement sa santé première. Ils en témoignèrent de grandes grâces à Dieu et dans la suite l'enfant persévéra dans de bonnes œuvres, et mourut heureusement dans le Seigneur. – Le saint avait envoyé un certain nombre de frères en un endroit pour y élever un monastère, et les prévint que tel jour il viendrait les voir pour leur donner le plan des constructions. Or, la nuit qui précédait le jour indiqué, il apparut en songe à un moine qu'il avait mis à la tête de l'œuvre et à son prévôt, et leur désigna en détail chacun des endroits où ils devaient bâtir. Mais comme ils n'ajoutaient pas foi à la vision qu'ils avaient eue et qu'ils attendaient le saint, à la fin ils retournèrent le trouver et lui dirent: « Père, nous attendions que vous viendriez comme vous l'aviez promis, et vous n'êtes pas venu. » Il leur dit: « Frères, pourquoi dire cela ? Ne vous ai-je point apparu et ne vous ai-je, pas désigné chaque endroit ? Allez et disposez tout ainsi que vous l'avez vu. »
Non loin du monastère de Benoît, vivaient deux religieuses de noble lignée, qui ne contenaient pas leur langue ; par leurs propos indiscrets, elles portaient souvent à la colère leur supérieur: celui-ci en informa

l'homme de Dieu qui fit donner cet avis aux religieuses : « Réprimez votre langue, autrement je vous excommunierai (excommunication qu'il ne lança pas par ces paroles, mais dont il les menaça). Ces religieuses ne changèrent point et moururent quelques jours après, elles furent ensevelies dans l'église. Mais pendant la messe et quand le diacre dit comme de coutume : « Que celui qui n'est pas de la communion sorte dehors,» la nourrice de ces religieuses, qui toujours offrait l'oblation pour elles, les vit sortir de leurs tombés, et sortir de l'église : ceci ayant été rapporté à Benoît, le saint donna de ses propres mains une offrande en disant : « Allez et présentez cette offrande pour elles, et elles ne seront plus excommuniées désormais. » Ce qui ayant été exécuté, lorsque le diacre chantait la formule d'ordinaire, on ne les vit plus quitter l'église. – Un moine était sorti pour visiter ses parents sans avoir la bénédiction, et le jour qu'il arriva chez eux, il mourut. Quand il fut enterré, la terre le rejeta une première et une deuxième fois. Ses parents vinrent trouver saint Benoît et le prièrent de lui donner sa bénédiction. Il prit alors le corps de N. S. et dit : « Allez poser ceci sur la poitrine du mort et ensevelissez-le ainsi. » On le fit et la terre garda le corps ainsi enseveli et ne le rejeta plus. – Un moine, qui ne voulait pas rester dans le monastère, insista tant auprès de l'homme de Dieu que celui-ci, tout contrarié, lui permit de s'en aller. Mais il ne fut pas plutôt hors du cloître qu'il rencontra en son chemin un dragon, la gueule ouverte. Dans l'intention de s'en garer, il se mit à crier : « Accourez, accourez, il y a un dragon ; il me veut dévorer. » Les frères accoururent, mais ne trouvèrent point de dragon, alors ils ramenèrent au monastère le moine tout tremblant et ébranlé. Il promit à l'instant que jamais il ne sortirait du moustier. — Une famine extraordinaire ravageait tout le pays et l'homme de Dieu avait donné aux pauvres tout ce qu'il avait pu trouver ; en sorte qu'il ne restait, dans le monastère, qu'un peu d'huile dans un vase de verre ; il commanda alors au cellérier de donner ce peu d'huile à un pauvre. Le cellérier entendit bien ce que saint Benoît lui commandait, mais il se décida à faire fi de ses ordres, parce qu'il ne restait plus d'huile pour les frères. Dès que l'homme de Dieu s'en aperçut, il commanda de jeter le vase de verre avec l'huile par la fenêtre afin qu'il ne restât rien dans le monastère contre l'obéissance. On jeta donc le vase qui tomba sur des blocs de pierres, sans que ce vase fût brisé, ni l'huile répandue; alors le saint le fit ramasser et donner, en entier au pauvre. Puis il reprocha au moine sa désobéissance et sa défiance; il se mit ensuite en prières: aussitôt un grand tonneau qui se trouvait là se remplit d'huile; elle montait en si grande abondance qu'elle paraissait sourdre du pavé.

Une fois il était descendu pour faire visite à sa sœur, et comme il était resté jusqu'à l'heure du souper, elle le pria de passer la nuit chez elle: comme il n'y voulait pas consentir, elle s'inclina, appuya la tête sur ses mains pour prier le Seigneur et quand elle se, releva, il se fit de si grands éclairs et du tonnerre si violent, la pluie tomba avec tant d'abondance, qu'il n'eût su où poser les pieds, quoiqu'un instant auparavant le ciel fût parfaitement serein. Or, en répandant un torrent de larmes, elle avait fait changer la sérénité de l'air, et attiré la pluie. L'homme de Dieu tout contristé lui dit: « Que le Dieu tout puissant vous le pardonne, ma sœur; qu'est-ce que vous avez fait? » Elle lui répondit: « Je vous ai prié et vous n'avez pas voulu m'écouter; j'ai prié le Seigneur et il m'a bien entendue. Sortez maintenant, si vous le pouvez. » Et il en advint ainsi pour qu'ils pussent passer la nuit toute entière en s'édifiant mutuellement dans de saints entretiens. Trois jours après qu'il fut revenu au monastère, en levant les yeux, il vit l'âme de sa sœur, sous la forme d'une colombe qui pénétrait jusqu'aux profondeurs du ciel: et bientôt il fit porter son corps au monastère où il fut inhumé dans un tombeau qu'il avait fait préparer pour lui. — Une nuit que le serviteur de Dieu regardait par une fenêtre et priait Dieu, il vit se répandre en l'air une lumière qui dissipa toutes les ténèbres de la nuit. Or, à l'instant tout l'univers s'offrit à ses yeux comme s'il eût été rassemblé sous un rayon de soleil et il vit l'âme de saint Germain, évêque de Capoue, portée au ciel: dans la suite il put s'assurer évidemment que c'était l'heure à laquelle elle, quitta le corps du prélat.

L'année même de sa mort, il en prédit le jour à ses frères: et avant le sixième jour qui précéda son trépas, il fit ouvrir son sépulcre. Bientôt il fut saisi de la fièvre, et comme la faiblesse augmentait à chaque instant, le sixième jour, il se fit porter à l'oratoire, où il se prépara à la mort par la réception du corps et du sang de N. S.; alors, soutenant ses membres défaillants sur les mains des frères, il se tint debout, les yeux élevés vers le ciel et rendit son dernier soupir en priant. Le jour même que l'homme de Dieu passa de cette vie au ciel, deux frères, dont un était dans sa cellule, et l'autre fort éloigné, eurent la même révélation: ils virent une traînée de lumière, ornée de tapis et resplendissante d'une quantité innombrable de lampes, qui, partant de la cellule de saint Benoît, se dirigeait vers le ciel du côté de l'orient. L'un d'eux demanda à un personnage vénérable qui parut tout brillant sur cette trace, ce que c'était que ce chemin qu'ils voyaient, car ils ne le savaient pas, et il leur fut dit: « Voilà le chemin par lequel Benoît, l'homme chéri de Dieu, monte au ciel. » Il fut inhumé dans l'oratoire de saint Jean-Baptiste qu'il avait construit lui-même sur un autel dédié à Apollon et qu'il avait renversé. Il vécut vers l'an du Seigneur 518, au temps de Justin l'Ancien.

Les douze degrés d'humilité de saint Benoît

01. Avoir continuellement devant les yeux la crainte de Dieu, et par suite se tenir en garde contre tous les péchés, et notamment contre la propre volonté ;
02. Renoncer à ses propres désirs, par suite du renoncement à la propre volonté ;
03. Se soumettre en toute obéissance à son supérieur pour l'amour de Dieu ;
04. Accepter en paix les commandements difficiles, même les mauvais traitements et les injures ;
05. Découvrir simplement au supérieur les pensées même mauvaises qui viennent à l'esprit ;
06. Se contenter de ce qu'il y a de plus vil et de plus abject ;
07. Se regarder du fond du cœur comme le dernier de tous ;
08. Suivre simplement la règle commune, et fuir toute singularité ;
09. Garder le silence jusqu'à ce que l'on soit interrogé ;
10. N'être point prompt à rire ;
11. Parler doucement, gravement, en peu de mots bien raisonnables ;
12. Porter l'humilité dans son cœur et dans tout son extérieur, baissant les yeux, comme un criminel qui se regarde comme étant sur le point d'être appelé au tribunal redoutable de Dieu.

Table des matières

PREMIÈRE PARTIE

1. Saint Benoît (480-547) et les moines 5
2. La Règle de saint Benoît 18
3. Présentation sommaire de la vie bénédictine 27
4. L'expansion de la Règle bénédictine 32
5. Domaines d'intercession de saint Benoît 37
6. La prière 40

DEUXIÈME PARTIE

Prières à saint Benoît 47
Trois prières à saint Benoît pour connaître l'amour divin en toute pureté d'âme 53
Trois prières à saint Benoît pour trouver de l'argent en cas de grande urgence ou de dettes trop lourdes 60
Trois prières à saint Benoît pour acquérir, ou pour renforcer la certitude du croyant 65
Trois prières à saint Benoît pour résoudre un problème délicat ou triompher d'une épreuve 70
Trois prières à saint Benoît pour qu'il protège un nouveau-né 73
Trois prières à saint Benoît en cas de faute grave 75

Trois prières à saint Benoît pour lui rendre grâce 78
Trois prières à saint Benoît en cas de maladie 83
Trois prières à saint Benoît pour la protection de nos proches 86
Trois prières à saint Benoît pour se guérir de la concupiscence 90
Trois prières à saint Benoît pour la purification du cœur 105
Trois prières à saint Benoît lorsqu'on se trouve en deuil où à l'approche de la mort 109
Trois prières à saint Benoît pour qui veut étudier, savoir, connaître, comprendre et aimer, en Dieu 134
Trois prières à saint Benoît pour la paix sur la Terre 145
Trois prières à saint Benoît lorsqu'on souffre d'un chagrin d'amour 149
Trois prières à saint Benoît pour trouver du travail 152

Deuxième série
Trois prières à saint Benoît pour trouver du travail 158
Trois prières à saint Benoît pour trouver la paix de l'âme ... 161
Trois prières à saint Benoît pour trouver un logement 164
Trois prières à saint Benoît pour trouver l'âme sœur 168
Trois prières à saint Benoît pour la conversion des impies ... 173
Invocation à saint Benoît pour qu'il nous protège des menées sournoises du Diable 176
Prières diverses à saint Benoît 180
Prière de Sa Sainteté le Pape Jean-Paul II en l'honneur de saint Benoît 181
Prière d'un Bénédictin 182
Trois litanies pour saint Benoît 183

Bénédiction de la médaille de saint Benoît 188
Prière de protection 190
Hymne pour la fête de saint Benoît 191
Prière 193

TROISIÈME PARTIE

Les sources 195
Introduction 197
I – Le vase brisé 198
II – La tentation 201
III – Le vase de verre brisé par un signe de Croix 202
IV – De la conversion d'un moine instable 207
V – La source jaillie du rocher 208
VI – L'outil perdu et retrouvé 209
VII – Son disciple Maur marche sur les eaux 209
VIII – Les embûches de Florentius 211
IX – La pierre soulevée à la prière du saint 215
X – La cuisine en feu 215
XI – Un moine enfant tombe d'un mur et se relève aussitôt, indemne 216
XII – Des moines qui avaient mangé hors du monastère 217
XIII – Un pieux laïc se laisse aller à manger en route .. 218
XIV – La supercherie de Totila démasquée 219
XV – Tolita (suite) : Prophéties faites à Totila ainsi qu'à l'évêque de Canuse 220
XVI – Benoît et le clerc tourmenté par le démon 221
XVII – Benoît prédit la ruine de son monastère 224
XVIII – Le recel de la fiasque de vin 225
XIX – Le cadeau dissimulé 225

La légende dorée 227

Vie de saint Benoît 229

Les douze degrés d'humilité de saint Benoît 241

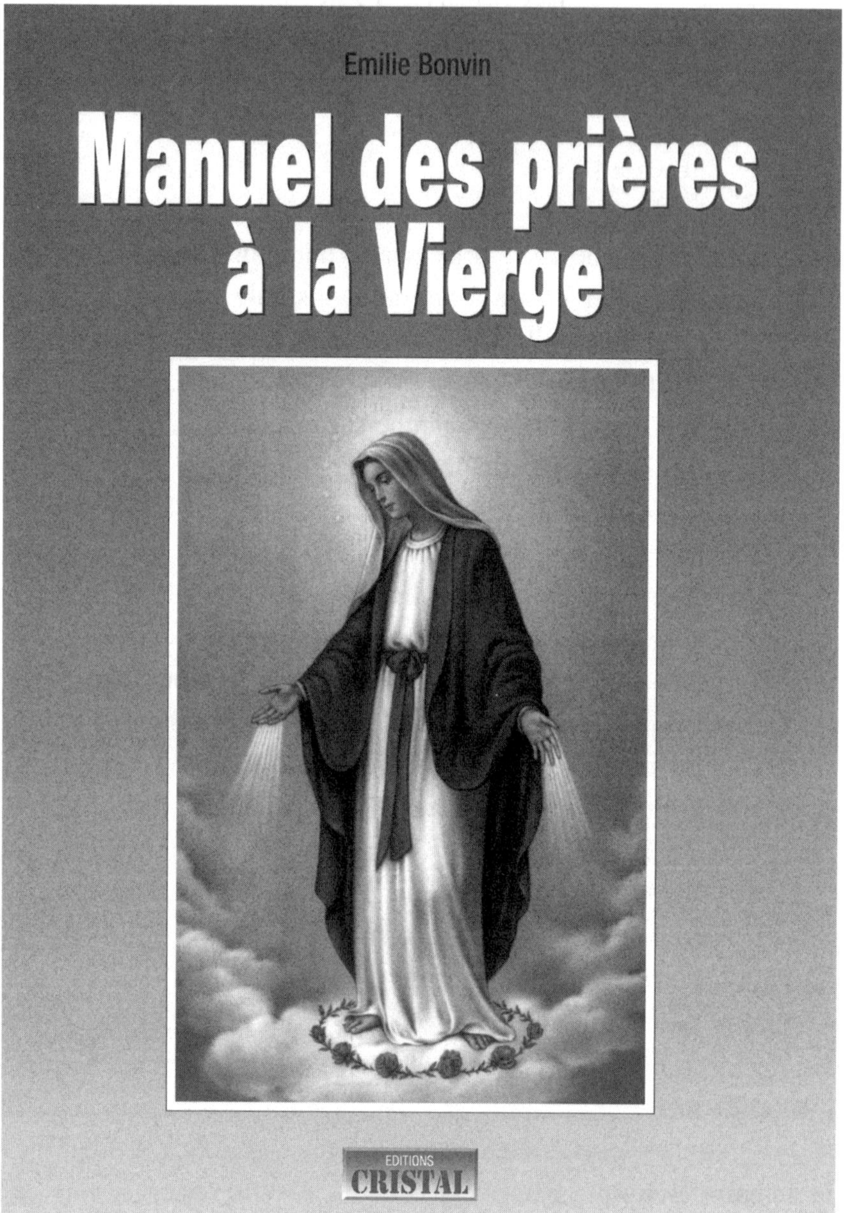

ISBN : 978-2-8489-5022-8
Prix : 18 €

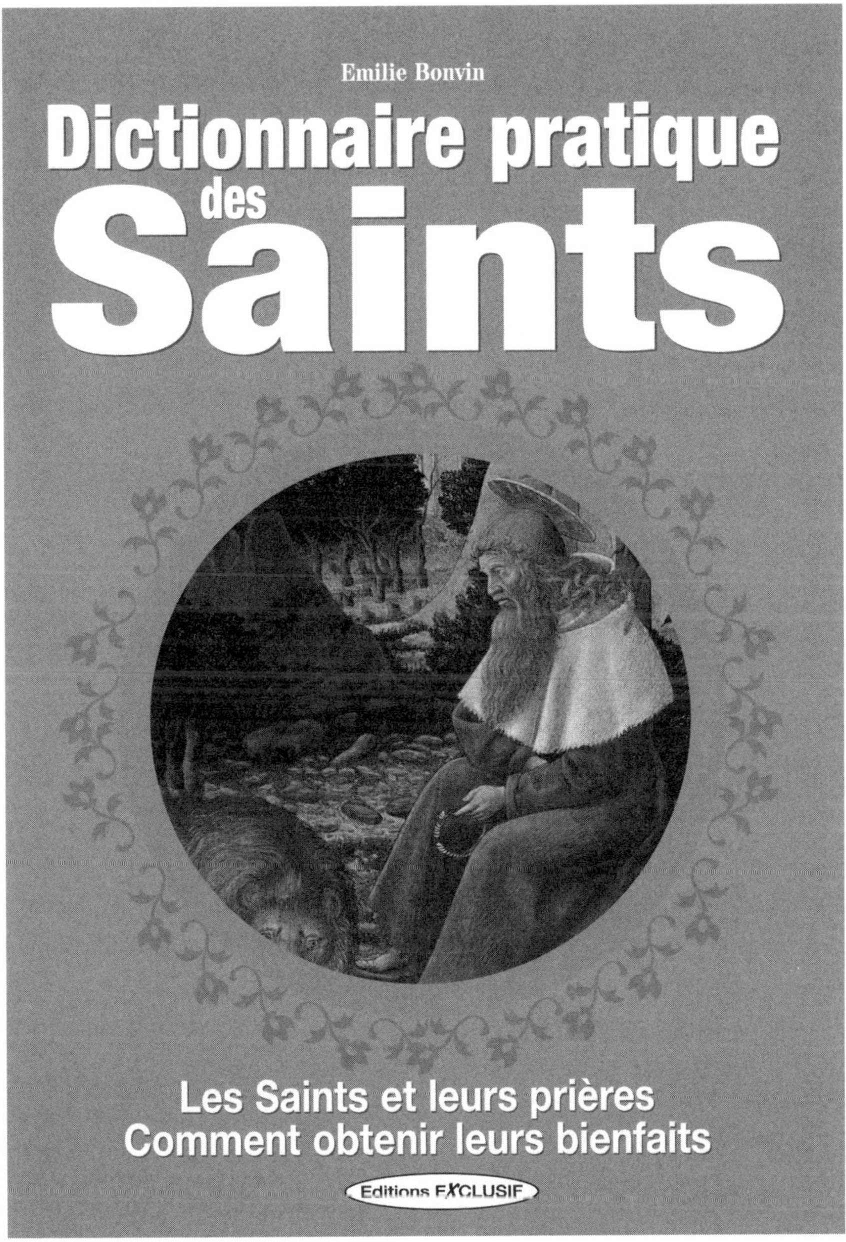

ISBN : 978-2-8489-1034-5
Prix : 20 €